BIBLIOTHÈQUE NATIONALE

DÉPARTEMENT DES MANUSCRITS

CATALOGUE SOMMAIRE

DES

MANUSCRITS SANSCRITS

ET PĀLIS

PAR

A. CABATON

Ancien membre de l'École française d'Extrême-Orient,
Chargé de cours à l'École des Langues orientales vivantes.

1er FASCICULE. — MANUSCRITS SANSCRITS.

PARIS

ERNEST LEROUX, ÉDITEUR

28, RUE BONAPARTE, VIe

—

1907

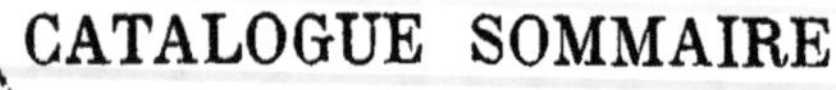

CATALOGUE SOMMAIRE

DES

MANUSCRITS SANSCRITS

ET PĀLIS

DE LA BIBLIOTHÈQUE NATIONALE

ANGERS. — IMPRIMERIE ORIENTALE A. BURDIN ET Cie, 4, RUE GARNIER.

BIBLIOTHÈQUE NATIONALE

DÉPARTEMENT DES MANUSCRITS

CATALOGUE SOMMAIRE

DES

MANUSCRITS SANSCRITS

ET PĀLIS

PAR

A. CABATON

Ancien membre de l'École française d'Extrême-Orient,
Chargé de cours à l'École des Langues orientales vivantes.

1er FASCICULE. — MANUSCRITS SANSCRITS.

PARIS

ERNEST LEROUX, ÉDITEUR

28, RUE BONAPARTE, VIe

—

1907

AVERTISSEMENT

Le présent fascicule, consacré uniquement aux manuscrits sanscrits et à quelques éditions rares, imprimées ou lithographiées dans l'Inde et ayant fait partie de la bibliothèque d'Eugène Burnouf, forme la première partie d'un volume qui contiendra la description des manuscrits sanscrits et pâlis de la Bibliothèque nationale. En attendant l'achèvement de ce volume, qui sera précédé d'une introduction générale et suivi de tables et d'index, il a paru utile d'en mettre dès maintenant la première partie à la disposition des lecteurs.

Autant que possible, et pour faciliter les recherches, l'ordre méthodique ci-dessous a été adopté, en tenant compte toutefois que, lorsque la même reliure renferme des textes différents, c'est le premier qu'on a classé sous l'une des rubriques suivantes : Veda, Épopée, Purâṇa, Tantra, Grammaires, Lexiques, Prosodie, Législation, Systèmes philosophiques, Astronomie, Technologie, Médecine, Jaïnisme, Divers.

CATALOGUE SOMMAIRE

DES

MANUSCRITS SANSCRITS

DE LA

BIBLIOTHÈQUE NATIONALE

1

Abhidhānottarottara.

XIXe siècle. Écriture nāgarī. Papier indien, 367 × 110 mm., 285 pages, 7 l., 56 à 59 akṣ. Rel. veau. (Sanscrit Dév. 99.)

2-3

Abhidhānottarottara.

Ch. 1-67 ; complet.

XVIIIe siècle. Écriture népalaise. Papier indien, 277 × 67 mm., A. 188 pages, 5 l., 50 à 55 akṣ.; B. 240 pages, 5 l., 52 à 56 akṣ. D.-rel. (Burnouf, 115).

4

Abhidhānottarottara.

Chapitres 1-66, complet, d'après la souscription.

XIXe siècle. Écriture népalaise. Papier indien, 310 × 85 mm., 308 pages 6 l., 58 à 62 akṣ. D.-rel. (Burnouf, 116.)

5-7

Abhidharmakoça-vyākhyā.

Commentaire de Yaçomitra sur *l'Abhidharmakoça* de Vasubandhu.

XIXe siècle. Écriture nāgarī. Papier indien, 398 × 165 mm., A. 322 pages, 11 l., 46 à 55 akṣ.; B. 322 pages, 11 l., 50 à 55 akṣ.; C. 320 pages, 11 l., 52 à 54 akṣ. D.-rel. (Burnouf, 114.)

8

Avadānakalpalatā.

XIXe siècle. Écriture nāgarī. Papier indien, 375 × 130 mm., 101 pages, 9 l., 56 à 58 akṣ. D.-rel. (Sanscrit Dév. 101.)

9-10

Avadāna-çataka.

XIXe siècle. Écriture nāgarī. Papier indien, 400 × 133 mm. (A. fol. 1-151; B. fol. 1-102), env. 600 pages, 8 l., 70 à 72 akṣ. D.-rel. (Sanscrit Dév. 122.)

11-12

Aṣṭasāhasrikāprajñāpāramitā.

1833. Écriture népalaise. Papier indien, 340 × 125 mm. A. 312 pages, 9 l., 35 à 55 akṣ.; B. 290 pages, 9 l., 46 à 52 akṣ. D.-rel. (Burnouf, 83.)

13

Aṣṭasāhasrikāprajñāpāramitā.

XIXe siècle. Écriture nāgarī. Papier indien, 355 × 95 mm., 495 pages, 6 à 7 l., 55 à 58 akṣ. D.-rel. (Sanscrit Dév. 77.)

14

I. *Ahorātravratakathā* (fol. 1-14).

II. *Kārtikavratāvadāna* (fol. 14 r° l. 2-28 r°).

XIXe siècle. Écriture nāgarī. Papier indien, 262 × 83 mm., 54 pages, 5 l., 36 à 39 akṣ. D.-rel. (Sanscrit Dév. 115.)

15

Ācāryakriyā-samuccaya.

1833. Écriture népalaise. Papier indien, 365 × 98 mm., 323 pages, 7 l., 60 à 65 akṣ. D.-rel. (Burnouf, 107.)

16

Formules buddhiques.

Au dos de quelques feuillets est ajoutée une traduction persane.

XIXe siècle. Écriture nāgarī et persane. Papier chinois (un feuillet sur papier européen), en moy. 660 × 470 mm., 7 feuillets, 30 à 50 l., 10 à 80 akṣ. D.-rel. (Sanscrit Dév. 287. — Ancien Burnouf, 106.)

17

Vajracchedikāprajñāpāramitā.

Copie de la main de Burnouf. Note du fol. 1 : « Manuscrit faisant partie de la collection de M. le Bon Schilling de Canstadt. N° 196. Texte sanscrit écrit en landza, en caractères tibétains vulgaires, et accompagné d'une traduction tibétaine. — Titre. f. 1 r° : Âryavadjratchtchhêdika pradjñâpâramitâ nâma mahâyânasûtra vidjahâra ».

XIXe siècle. Caractères latins. Papier européen, 260 × 210 mm., 100 pages, 10 l., 30 à 32 akṣ. Cart. (Burnouf, 55.)

18

Ekaravīra-tantra.

Chapitres 1-35 ; cf. le ms. de Cambridge Add. 1319.

XIXe siècle. Écriture népalaise. Papier indien, 240 × 55 mm., 203 pages, 5 l., 36 à 38 akṣ. D.-rel. (Burnouf, 121.)

19

Kakṣapuṭa-tantra, par Siddhanāgārjuna.

XIXe siècle. Écriture nāgarī. Papier indien, 385 × 145 mm., 105 pages, 9 l., 54 à 65 akṣ. Rel. veau. (Sanscrit Dév. 80.)

20

Kaṭhināvadāna.

XIXᵉ siècle. Écriture nāgarī. Papier indien, 267 × 105 mm., 34 pages, 7 l., 30 à 33 akṣ. D.-rel. (Sanscrit Dév. 88.)

21

Kapiçāvadāna.

XIXᵉ siècle. Écriture nāgarī. Papier indien, 252 × 103 mm., 74 pages, 7 l., 34 à 38 akṣ. D.-rel. (Sanscrit Dév. 86.)

22

Kāraṇḍa-vyūha.

1836. Écriture népalaise. Papier indien, 335 × 88 mm., 126 pages, 50 à 55 akṣ. D.-rel. (Burnouf, 92.)

23

Kāraṇḍa-vyūha.

1808. Écriture népalaise. Papier indien, 260 × 75 mm., 5 l., 42 à 50 akṣ. D.-rel. (Burnouf, 93.)

24

Kāraṇḍa-vyūha.

1810. Écriture népalaise. Papier indien, 450 × 95 mm., 133 pages, 6 l., 58 à 60 akṣ. Rel. veau. (Sanscrit Dév. 102.)

25

Karuṇā-puṇḍarīka.

XIXᵉ siècle. Écriture nāgarī. Papier indien, 330 × 100 mm., 365 pages, 6 à 7 l., 47 à 49 akṣ. Rel. veau. (Sanscrit Dév. 114.)

26-27

Kalpadrumāvadāna.

1836. Écriture nāgarī. Papier indien, 410 × 135 mm. (A. fol. 1-144; B. fol. 145-292), 592 pages, 9 l., 57 à 61 akṣ. Rel. veau. (Sanscrit Dév. 124.)

28

Kalyāṇapañcaviṃçatikā stuti.

1828. Écriture nāgarī. Papier indien, 228 × 130 mm., 7 pages, 9 l., 34 à 36 akṣ. D.-rel. (Burnouf, 128.)

29

Kṛṣṇayamāri-tantra.

Complet; chapitres 1-18.

1819. Écriture népalaise. Papier indien, 255 × 75 mm., 217 pages, 5 l., 46 à 50 akṣ. D.-rel. (Burnouf, 123.)

30

Kriyāsamuccaya.

XIXe siècle. Écriture nāgarī. Papier indien, 392 × 140 mm., 391 pages, 9 l., 60 à 62 akṣ. Rel. veau. (Sanscrit Dév. 110.)

31

Kriyāsaṃgraha, par Kuladatta.

1833. Écriture népalaise. Papier indien, 370 × 100 mm., 230 pages, 9 l., 60 à 65 akṣ. D.-rel. (Burnouf, 96.)

32

Kriyāsaṃgraha, par Kuladatta.

XIXe siècle. Écriture nāgarī. Papier indien, 290 × 100 mm., 381 pages, 7 l., 46 à 49 akṣ. Rel. veau. (Sanscrit Dév. 125.)

33-35

Gaṇḍavyūha.

XIXe siècle. Écriture nāgarī. Papier indien, 420 × 120 mm., A, 290 pages, 7 l., 60 à 65 akṣ. ; B. 284 pages, 7 l., 60 à 65 akṣ. ; C, 253 pages, 7 l., 60 à 70 akṣ. D.-rel. (Burnouf 78.)

36-37

Gaṇḍavyūha.

XIXe siècle. Écriture népalaise. Papier indien, 515 × 115 mm., A. 338 pages, 8 l., 78 à 92 akṣ. ; B. 248 pages, 8 l., 76 à 96 akṣ. D.-rel. (Burnouf, 79.)

38-40

Gaṇḍavyūha.

1810. Écriture népalaise. Papier indien, 390 × 115 mm. ; 3 vol. A. 222 pages, 8 l., 62 à 78 akṣ. ; B. 220 pages, 8 l., 60 à 75 akṣ. ; C. 276 pages, 62 à 72 akṣ. D.-rel. (Burnouf, 80.)

41

Gaṇḍavyūha.

XIXe siècle. Écriture népalaise. Papier indien, 465 × 100 mm., 554 pages, 9 l., 73 à 76 akṣ. Rel. veau. (Sanscrit Dév. 94.)

42

Caityapuṅgava.

1691. Écriture népalaise. Papier indien, 258 × 75 mm., 45 pages, 6 l., 42 à 44 akṣ. D.-rel. (Sanscrit Dév. 100.)

43

Chando'mṛtalatā.

XIXe siècle. Écriture nāgarī. Papier indien, 363 × 125 mm., 70 pages, 7 l., 45 à 47 akṣ. D.-rel. (Sanscrit Dév. 97.)

44

Jātakamālā.

XIXᵉ siècle. Écriture nāgarī. Papier indien, 380 X 155 mm., 171 pages, 12 l., 57 à 61 akṣ. Rel. veau. (Sanscrit Dév. 95.)

45-46

Jātakamālā.

XIXᵉ siècle. Écriture népalaise. Papier indien, 355 X 95 mm., A. 192 pages, 6 l., 50 à 55 akṣ. ; B. 198 pages, 5 à 7 l., 50 à 55 akṣ. D.-rel. (Burnouf, 95.)

47

Jvālāvalī-tantra.

XIXᵉ siècle. Écriture nāgarī. Papier indien, 245 X 100 mm., 164 pages, 7 l., 35 à 36 akṣ. Rel. veau. (Sanscrit Dév. 121.)

48

Jvālāvalī-tantra.

XIXᵉ siècle. Écriture népalaise. Papier indien, 345 X 87 mm., 154 pages 5 l., 50 à 52 akṣ. D.-rel. (Burnouf, 130.)

49-50

Tathāgata-guhyaka.

Titre erroné ; c'est le *Çrīguhyasamāja*, cf. nᵒ 134.

XIXᵉ siècle. Écriture népalaise. Papier indien, 410 X 90 mm. A. 255 pages, 4 l., 55 à 60 akṣ ; B. 246 pages, 4 l., 55 à 60 akṣ. D.-rel. (Burnouf, 77.)

51

Daçabhūmīçvara.

XIXᵉ siècle. Écriture népalaise. Papier indien. 390 X 83 mm., 282 pages. 5 l., 65 à 70 akṣ. D.-rel. (Burnouf, 73.)

52

Daçabhūmīçvara.

XIXe siècle. Écriture nāgarī. Papier indien, 282 × 123 mm., 274 pages, 9 l., 36 a 38 akṣ. Rel. veau. (Sanscrit Dév. 126.)

53-55

Divyāvadāna.

XIXe siècle. Écriture nāgarī. Papier indien, 368 × 145 mm., A. 299 pages, 9 l., 55 à 60 akṣ.; B. 296 pages, 9 l., 48 à 56 akṣ.; C. 294 pages, 9 l., 52 à 56 akṣ. D.-rel. (Burnouf, 97.)

56-57

Divyāvadāna.

XIXe siècle. Ecriture nāgarī. Papier indien, 435 × 130 mm., A. 216 pages, 8 l., 56 à 60 akṣ.; B. 242 pages, 8 l., 58 à 68 akṣ. D.-rel. (Burnouf, 98.)

58

Dīpaṃkarāvadāna, extrait du Mahāvastu.

XIXe siècle. Écriture nāgarī. Papier indien, 275 × 125 mm., 101 pages, 9 l., 40 à 45 akṣ. D.-rel. (Burnouf, 88.)

59

Durgatipariçodhana.

XIXe siècle. Écriture nāgarī. Papier indien, 228 × 100 mm., 202 pages, 7 l., 32 à 38 akṣ. D.-rel. (Burnouf, 101.)

60

Dvāviṃçatyavadānakathā.

XIXe siècle. Écriture nāgarī. Papier indien, 368 × 115 mm., 192 pages, 7 l., 52 à 54 akṣ. Rel. v. (Sanscrit Dév. 118.)

61

Dhāraṇī (fragment).

XVIIe siècle? Écriture népalaise. Papier indien, 228 × 71 mm., 4 pages, 5 l., 30 à 46 akṣ. Cart. (Sanscrit Dév. 306.)

62

Dhāraṇī-saṃgraha.

Souscription : *Iti çrī Mahāmeghān mahāyāna-sūtrād vātamaṇḍalī parivarttaḥ pañcaṣaṣṭitamaḥ samāptaḥ.*

XIXe siècle. Écriture nāgarī. Papier indien, 405 × 135 mm., 337 pages, 9 l., 60 à 65 akṣ. D.-rel. (Burnouf, 108.)

63

Nāgapūjāvidhi.

XIXe siècle. Écriture nāgarī. Papier indien, 195 × 95 mm., 13 pages, 7 l., 26 à 30 akṣ. D.-rel. (Sanscrit Dév. 117.)

64

Niṣpannayogāmbaratantra.

Voir plus haut le ms. 98.

XIXe siècle. Écriture nāgarī. Papier indien, 270 × 122 mm., 140 pages, 9 l., 32 à 44 akṣ. D.-rel. (Sanscrit Dév. 119.)

65-66

I. *Pañcakrama* (fol. 1-34).

II. *Pañcakramaṭippanī* (fol. 35-51).

XIXe siècle. Écriture nāgarī. Papier indien, 320 × 92 mm., 100 pages, 6 l., 42 à 46 akṣ. D.-rel. (Sanscrit Dév. 81-82.)

67

Pañcarakṣā.

1749. Écriture népalaise, 140 olles de 300 × 50 mm., 6 à 7 l., 2 colonnes, 40 à 50 akṣ. (Sanscrit Dév. 286. — Ancien Burnouf 104.)

68-70

Pañcaviṃçatisāhasrikā prajñāpāramitā.

3 volumes. — Miniature au milieu de la première page du premier volume.

XIXe siècle. Écriture népalaise. Papier indien, 520 × 135 mm., t. I, 224 pages, 9 l., 98 à 105 akṣ.; t. II, 304 pages, 9 l., 98 à 106 akṣ.; t. III, 320 pages, 10 l., 87 à 105 akṣ. D.-rel. (Burnouf, 74.)

71-73

Pañcaviṃçatisāhasrikā prajñāpāramitā.

3 volumes. — A. fol. 1-159; B. 160-320; C. fol. 321-461.

XIXe siècle. Écriture nāgarī. Papier indien, 462 × 153 mm., 920 pages, 11 l., 70 à 75 akṣ. Rel. veau. (Sanscrit Dév. 76.)

74

Piṇḍapātrāvadāna.

XIXe siècle. Écriture nāgarī. Papier indien, 267 × 107 mm., 14 pages, 7 l., 32 à 36 akṣ. D.-rel. (Sanscrit Dév. 89.)

75

Pratyaṅgirā-mahāvidyā-rājñī.

XVIIe siècle. Écriture népalaise. Papier indien, 378 × 70 mm., 37 pages, 5 l., 32 à 34 akṣ. D.-rel. (Burnouf, 113.)

76

Buddhacarita-kāvya, par Açvaghoṣa.

XVIIIe siècle. Écriture nāgarī. Papier indien, 233 × 105 mm., 167 pages, 7 à 10 l., 38 à 41 akṣ. Rel. veau. (Sanscrit Dév. 106.)

77

Buddhoktasaṃsārāmaya.

XIXe siècle. Écriture nāgarī. Papier indien, 290 × 97 mm., 14 pages, 6 l., 42 à 44 akṣ. D.-rel. (Sanscrit Dév. 132.)

78

Bodhicaryāvatāra.

XIXe siècle. Écriture nāgarī. Papier indien, 265 × 105 mm., 111 pages, 7 l., 45 à 48 akṣ. D.-rel. (Sanscrit Dév. 85.)

79

Bodhicaryāvatāra.

XIXe siècle. Écriture népalaise. Papier indien, 260 × 80 mm., 108 pages, 7 l., 40 à 45 akṣ. D.-rel. (Burnouf, 90.)

80

Bhūtaḍāmara-tantra.

XIXe siècle. Écriture nāgarī. Papier indien, 230 × 102 mm., 130 pages, 6 l., 29 à 31 akṣ. D.-rel. (Sanscrit Dév. 109.)

81

Mañjuçrī-pārājikā.

1836. Écriture nāgarī. Papier indien, 290 × 100 mm., 52 pages, 6 l., 42 à 44 akṣ. D.-rel. (Sanscrit Dév. 127.)

82

Maṇicūḍāvadāna.

XIXe siècle. Écriture nāgarī. Papier indien, 292 × 73 mm., 132 pages, 5 l., 45 à 47 akṣ. Rel. veau. (Sanscrit Dév. 96.)

83

Marmakallikā-tantra.

1836. Écriture nāgarī. Papier indien, 243 × 105 mm., 128 pages, 7 l., 30 à 33 akṣ. D.-rel. (Sanscrit Dév. 130.)

84

Mahākāla-tantra.

1830. Écriture népalaise. Papier indien, 270 × 75 mm., 123 pages, 6 l., 38 à 40 akṣ. D.-rel. (Burnouf, 119).

85

Mahākāla-tantra.

Cf. le précédent manuscrit, chapitres 1-18.

XIXe siècle. Écriture nāgarī. Papier indien, 275 × 105 mm., 92 pages, 6 l., 50 à 52 akṣ. D.-rel. (Burnouf, 120.)

86

Mahāmantrānusāriṇī.

XIXe siècle. Écriture nāgarī. Papier indien, 268 × 112 mm., 315 pages, 7 l., 35 à 40 akṣ. D.-rel. (Burnouf, 109.)

87-89

Mahāvastu.

1800. Écriture népalaise. Papier indien, 465 × 132 mm., A. 235 pages, 11 l., 65 à 70 akṣ.; B. 307 pages, 10 l., 65 à 72 akṣ.; C. 282 pages, 10 l., 60 à 75 akṣ. D.-rel. (Burnouf, 91.)

90-92

Mahāvastu.

XIXe siècle. Écriture népalaise. Papier indien, 425 × 115 mm., A. 338 pages, 7 à 9 l., 60 à 65 akṣ.; B. 370 pages, 7 à 9 l., 62 à 70 akṣ; C. 354 pages, 7 à 9 l., 64 à 70 akṣ. D.-rel. (Burnouf, 94.)

93

Megha-sūtra.

1831. Écriture nāgarī. Papier indien, 246 × 75 mm., 76 pages, 4 l., 33 à 35 akṣ. D.-rel. (Burnouf, 84.)

94

Yogāmbara-tantra?

Voir plus haut le ms. 67.

1828. Écriture népalaise. Papier indien, 240 × 75 mm., 125 pages, 5 l., 30 à 32 akṣ. D.-rel. (Burnouf, 124.)

95

Laṅkāvatāra.

XIXe siècle. Écriture nāgarī. Papier indien, 410 × 125 mm., 210 pages, 9 l., 60 à 63 akṣ. Rel. veau. (Sanscrit Dév. 92.)

96

Laṅkāvatāra.

1638. Écriture népalaise. Papier indien, 362 × 75 mm., 318 pages, 6 l., 62 à 70 akṣ. D.-rel. (Burnouf, 70.)

97-98

Lalitavistara.

XIXe siècle. Écriture népalaise. Papier indien, 370 × 88 mm., A. 230 pages, 7 l., 58 à 70 akṣ.; B. 231 pages, 7 l., 60 à 65 akṣ. D.-rel. (Burnouf, 86.)

99-100

Lalitavistara.

XIXe siècle. Écriture népalaise. Papier indien, 395 × 100 mm., A 253 pages, 6 l., 62 à 66 akṣ.; B. 267 pages, 6 l., 64 à 72 akṣ. D.-rel. (Burnouf, 87.)

101

Lokeçvara-pārājikā.

XIXe siècle. Écriture nāgarī. Papier indien, 286 × 103 mm., 18 pages, 6 l., 38 à 40 akṣ. D.-rel. (Sanscrit Dév. 129.)

102

Lokeçvaraçataka, par Vajradatta.

XIXe siècle. Écriture nāgarī. Papier indien, 255 × 112 mm., 37 pages, 7 l., 30 à 33 akṣ. D.-rel. (Sanscrit Dév. 90.)

103

Ratnaparīkṣā.

XIXe siècle. Écriture nāgarī. Papier indien, 183 × 80 mm., 70 pages, 6 l., 27 à 30 akṣ. D.-rel. (Sanscrit Dév. 120.)

104-105

Ratnāvadānamālā.

A. fol. 1-185. B. fol. 186-369.

XIXe siècle. Écriture nāgarī. Papier indien, 370 × 132 mm., 736 pages, 7 l., 52 à 55 akṣ. Rel. veau. (Sanscrit Dév. 104.)

106

Rāṣṭrapālaparipṛcchā.

XIXe siècle. Écriture nāgarī. Papier indien, 270 × 110 mm., 113 pages, 7 l., 38 à 43 akṣ. D.-rel. (Sanscrit Dév. 83.)

107

Vajrasattvapārājikā.

XIXe siècle. Écriture nāgarī. Papier indien, 290 × 105 mm., 31 pages, 6 l., 42 à 45 akṣ. D.-rel. (Sanscrit Dév. 128.)

108

Vajrasūcī.

XIXe siècle. Écriture nāgarī. Papier indien, 203 × 90 mm., 22 pages, 6 l., 30 à 32 akṣ. D.-rel. (Sanscrit Dév. 135.)

109

Vajrasūcī.

1678. Écriture népalaise. Papier indien, 378 × 75 mm., 10 pages, 7 à 8 l. 70 à 75 akṣ. D.-rel. (Burnouf, 126.)

110

Vajrasūcī.

Écriture nāgarī. Papier indien, 255 × 88 mm., 32 pages, 5 l., 28 à 30 akṣ. D.-rel. (Burnouf, 127.)

111

Vasantatilaka-tantra.

1820. Écriture népalaise. Papier indien, 275 × 64 mm., 31 pages, 5 l., 50 à 55 akṣ. D.-rel. (Burnouf, 89.)

112

Vasantatilaka-tantra.

XIXe siècle. Écriture nāgarī. Papier indien, 203 × 90 mm., 35 pages, 6 l., 32 à 34 akṣ. D.-rel. (Sanscrit Dév. 133.)

113

Vārāhīkalpa-tantra.

XIXe siècle. Écriture nāgarī. Papier indien, 368 × 102 mm., 284 pages, 7 l., 56 à 58 akṣ. Rel. veau. (Sanscrit Dév. 131.)

114

Vīrakuçāvadāna.

XIXe siècle. Écriture nāgarī. Papier indien, 263 × 103 mm., 80 pages, 6 à 7 l., 34 à 44 akṣ. D.-rel. (Sanscrit Dév. 134.)

115

Vratāvadānamālā.

XIXe siècle. Écriture nāgarī. Papier indien, 365 × 125 mm., 146 pages, 8 l., 53 à 55 akṣ. Rel. veau. (Sanscrit Dév. 103.)

116-131

Çatasāhasrikāprajñāpārumitā.

En 16 volumes.

XIXe siècle. Écriture nāgarī. Papier indien, 460 X 160 mm., 16 vol., environ 4.430 pages, 9 à 11 l., 60 à 65 akṣ. (Sanscrit Dév. : Vol. 72. I. A. fol. 1-142 ; B. fol. 143-285 ; C. fol. 286-427 ; D. fol. 428-570. — Vol. 73. II. A. fol. 1-133 ; B. fol. 134-268 ; C. fol. 269-400 ; D. fol. 401-534. — Vol. 74. III. A. fol. 1-133 ; B. fol. 134-267 ; C. fol. 268-400 ; D. fol. 401-534. — Vol. 75. IV. A. fol. 1-145 ; B. fol. 146-290 ; C. fol. 291-436 ; D. fol. 437-582.)

132

Çārdūlakarṇāvadāna.

XIXe siècle. Écriture nāgarī. Papier indien, 366 X 143 mm., 18 pages, 7 à 9 l., 58 à 60 akṣ. Rel. v. (Sanscrit Dév. 116.)

133

Çṛṅgabheryavadāna.

Extrait du *Citraviṃçati avadāna.*

XIXe siècle. Écriture nāgarī. Papier indien, 390 X 125 mm., 36 pages, 7 l., 58 à 61 akṣ. D.-rel. (Sanscrit Dév. 91.)

134

Çrîguhyasamāja (Sarva-tathāgataguhyaka).

XIXe siècle. Écriture nāgarī. Papier indien, 337 X 100 mm., 174 pages, 8 l., 43 à 46 akṣ. D.-rel. (Sanscrit Dév. 112.)

135

Saccakratāvadāna-svalpa.

XIXe siècle. Écriture nāgarī. Papier indien, 232 X 90 mm., 27 pages, 6 l., 35 à 38 akṣ. D.-rel. (Sanscrit Dév. 107.)

136

1° *Saccakratāvadāna*, feuillets 1-14.

2° *Bhūtaḍāmara*, feuillets 1-37.

Souscription : *Iti Çrī Bhūtu ḍāmvare Mahā tantra rāje yakṣasiddhisādhanavidhiḥ pañcadaça paṭalaḥ.*

XIXe siècle. Écriture nāgarī. Papier indien, 245 × 112 mm., 121 pages, 7 l., 38 à 40 akṣ. D.-rel. (Burnouf, 111.)

137

Saccakratāvadāna (vṛhat).

Appelé dans le texte *Saccakraṭaḍana.*

XIXe siècle. Écriture nāgarī. Papier indien, 267 × 80 mm., 151 pages, 6 l., 38 à 40 akṣ. v. (Sanscrit Dév. 108.)

138-139

Saddharmapuṇḍarīka.

Le Lotus de la bonne Loi.

XIXe siècle. Écriture nāgarī. Papier indien, 294 × 132 mm., A. 224 pages, 9 l., 38 à 42 akṣ. ; B. 222 pages, 9 l., 36 à 38 akṣ. D.-rel. (Burnouf, 99.)

140-141

Saddharmapuṇḍarīka.

XIXe siècle. Écriture népalaise. Papier indien, 425 × 100 mm., A. 205 pages, 6 l., 70 à 80 akṣ. ; B. 209 pages, 6 l., 70 à 75 akṣ. D.-rel. (Burnouf, 100.)

142

Saptakumārikāvadāna.

XIXe siècle. Écriture nāgarī. Papier indien, 220 × 85 mm., 43 pages, 6 l., 31 à 33 akṣ. D.-rel. (Sanscrit Dév. 105.)

143

Samādhi-rāja.

XIXe siècle. Écriture népalaise. Papier indien, 445 × 120 mm., 275 pages, 9 l., 65 à 70 akṣ. D.-rel. (Burnouf, 75.)

144-145

Samādhi-rāja.

XIXe siècle. Écriture népalaise. Papier indien, 415 × 98 mm. I, 212 pages, 6 l., 62 à 66 akṣ. II, 196 pages, 6 l., 64 à 68 akṣ. D.-rel. (Burnouf, 76.)

146

Samādhi-rāja.

XIXe siècle. Écriture népalaise (fol. 1-166) ; écriture nāgarī (fol. 167-265). Papier indien, 350 × 95 mm., 529 pages, 5 à 6 l., 49 à 60 akṣ. D.-rel. (Sanscrit Dév. 113.)

147

Saṃpuṭodbhava-tantra.

XIXe siècle. Écriture nāgarī. Papier indien, 278 × 110 mm., 421 pages, 6 l., 38 à 43 akṣ. Rel. veau (Sanscrit Dév. 79.)

148

Saṃpuṭodbhava-tantra.

Souscription : *Iti Çrī saṃpuṭodbhava sarvatantranidāna-mahākalparāja daçamaḥ samāptaḥ.*

XIXe siècle. Écriture nāgarī. Papier indien, 260 × 112 mm., 270 pages, 7 l., 34 à 38 akṣ. D.-rel. (Burnouf, 112.)

149

Saṃvarodaya-tantra.

XIXe siècle. Écriture népalaise. Papier indien, 225 × 60 mm., 196 pages, 5 l., 42 à 44 akṣ. D.-rel. (Burnouf, 110.)

150

Sahakāropadeçāvadāna.

XIXe siècle. Écriture nāgarī. Papier indien, 220 × 90 mm., 34 pages, 6 l., 31 à 33 akṣ. D.-rel. (Sanscrit Dév. 111.)

151

Sādhana-mālā.

1837. Écriture népalaise. Papier indien, 527 × 95 mm., I, 335 pages (Mss. de Cambridge Add. 1593) ; II, 10 pages, fragment contenant également des Sādhana, 7 l., 80 à 85 akṣ. D.-rel. (Burnouf, 102.)

152

Sādhana-samuccaya (ou *Mālā-tantra*).

Commençant comme le ms. Add. 1648 (*Sādhana-samuccaya*) et finissant comme le ms. Add. 1593, de la bibl. de l'Université de Cambridge, ce volume constitue un troisième exemplaire, d'ailleurs fautif, du même recueil. Aux fol. 69 et 143, changement de main compliqué d'une interruption du texte; les fol. 143-149 répètent, aux premières et dernières lignes près, les fol. 69-74.

XIXe siècle. Écriture nāgarī. Papier népalais, 385 × 128 mm., 384 pages, 9 l. à 11 l., 58 à 60 akṣ. Rel. veau. (Sanscrit Dév. 123.)

153

Sukhāvatī-vyūha.

XIXe siècle. Écriture nāgarī. Papier indien, 275 × 105 mm., 126 pages, 35 à 40 akṣ. D.-rel. (Burnouf, 85.)

154

Sugatāvadānā.

XIXe siècle. Écriture nāgarī. Papier indien, 267 × 108 mm., 149 pages, 7 l., 33 à 37 akṣ. D. rel. (Sanscrit Dév. 84.)

155

Sugatavāçiṣṭasaṃvāde Sānumattadoṣanirṇayāvadāna.

XIXe siècle. Écriture nāgarī. Papier indien, 253 × 110 mm., 45 pages 7 l., 35 à 38 akṣ. D.-rel. (Sanscrit Dév. 87.)

156

Sumāgadhāvadāna.

Copie exécutée pour Eugène Burnouf.

XIXe siècle. Écriture nāgarī. Papier européen, 362 × 123 mm., 42 pages. 8 l., 48 à 52 akṣ. D.-rel. (Sanscrit Dév. 98.)

157

Suvarṇaprabhāsa.

XIXe siècle. Écriture nāgarī. Papier indien, 290 × 130 mm., 240 pages, 7 l., 35 à 40 akṣ. D.-rel. (Burnouf, 82.)

158

Suvarṇaprabhāsa.

XIXe siècle. Écriture népalaise. Papier indien, 295 × 80 mm., 243 pages, 5 l., 46 à 48 akṣ. D.-rel. (Burnouf, 131.)

159

Stotras buddhiques : *Suprabhāta-stotra*, etc.

XIXe siècle. Écriture nāgarī. Papier indien, 220 × 105 mm., 103 pages, 7 l., 30 à 32 akṣ. Un volume en forme de paravent, renfermé dans un étui. (Burnouf, 125.)

160

Svayambhū-purāṇa.

1836. Écriture nāgarī. Papier indien, 330 × 105 mm., 303 pages, 9 l., 45 à 50 akṣ. Rel. veau (Sanscrit Dév. 78.)

161

Svayambhū-purāṇa.

XIXe siècle. Écriture nāgarī. Papier indien, 280 × 110 mm., 330 pages, 8 l., 50 à 52 akṣ. D.-rel. (Sanscrit Dév. 93.)

162

Hevajra-tantra.

XIXe siècle. Écriture népalaise. Papier indien, 265 × 75 mm., 132 pages, 5 l., 40 à 44 akṣ. (Burnouf, 117.)

163

Hevajra-tantra.

1820. Écriture népalaise. Papier indien, 265 × 82 mm., 110 pages, 6 l., 38 à 42 akṣ. (Burnouf, 118.)

164

Hevajra-tantra.

XIXᵉ siècle. Écriture nāgarī. Papier indien, 298 × 80 mm., 108 pages, 9 l., 40 à 42 akṣ. D.-rel. (Burnouf, 118 *bis*.)

165

Tableaux généalogiques des personnages supérieurs du Panthéon buddhique, depuis Âdibuddha jusqu'aux Buddhas humains, leurs compagnes et leurs disciples de choix.

Accompagné d'un texte littéraire en vers.

XVIIIᵉ siècle. Écriture nāgarī. Papier indien, rouleau de 2 mètres 250 mm. × 430 mm., env. 145 l., 25 à 80 akṣ. D.-rel. (Sanscrit Dév. 285.)

166

I. *Agnikāryapaddhati.*

II. *Ajaḍapramātṛsiddhi*, par Utpala.

III. *Aitareyopaniṣadbhāṣya* (*Vedārthaprakāça*), commentaire de Sāyaṇa sur l'*Aitareya-brāhmaṇa.*

XVIIIᵉ siècle. Écriture kaçmīrī. Papier indien, 192 × 140 mm., 220 pages, 18 l., 18 à 22 akṣ. D.-rel. (Sanscrit Dév. 378.)

167

Agnirahasya-kāṇḍa.

Section du *Çatapathabrāhmaṇa* (éd. Weber, p. 827-880).

XVIIIᵉ siècle. Écriture nāgarī. Papier indien, 245 × 100 mm., 182 pages, 9 l., 33 à 36 akṣ. D.-rel. (Sanscrit Dév. 146.)

168

I. *Agnirahasya-kāṇḍa.*

II. *Citi-kāṇda.*

10e et 12e livres, du *Çatapathabrāhmaṇa, Kāṇva Çākhā* (Weber, *Yadjur Veda*, préf. p. x).

XVIIIe siècle. Écriture nāgarī. Papier indien, 233 × 98 mm., 172 pages, 12 l., 34 à 37 akṣ. D.-rel. (Sanscrit Dév. 186.)

169

I. *Atirātraviçeṣa.*

Fragment de prayoga ou de sūtra, commençant par *Athāchāvākasyātirātreviçeṣaḥ.*

II. *Āçvalāyana-çrauta-sūtra.*

Avec le commentaire de Nārāyaṇagarga.

1724. Écriture nāgarī. Papier indien, 240 × 105 mm., 328 pages, 11 l., 35 à 45 akṣ. D.-rel. (Sanscrit Dév. 194.)

170

Adhvara-kāṇḍa.

4e livre du *Çatapathabrāhmaṇa, Kāṇva Çākhā* (Weber, *Y. V.*, préf., p. x).

XVIIIe siècle. Écriture nāgarī. Papier indien, 240 × 100 mm., 92 pages 8 l., 38 à 41 akṣ. D.-rel. (Sanscrit Dév. 184.)

171

Açvamedha-kāṇḍa.

13e livre du *Çatapathabrāhmaṇa* (Weber, *Y. V.*, préf., p. ix).

XVIIe siècle. Écriture nāgarī. Papier indien, 190 × 92 mm., 262 pages, 6 l., 20 à 23 akṣ. D.-rel. (Sanscrit Dév. 160.)

172

I. *Açvamedha-kāṇḍa.*

II. *Madhyama-kāṇḍa.*

14ᵉ et 15ᵉ livres du *Çatapathabrāhmaṇa*, *Kāṇva Çākhā* (Weber, *V. V.*, préf., p. x et xi).

XVIIIᵉ siècle. Écriture nāgarī. Papier indien, 240 × 100 mm., 217 pages, 10 à 11 l., 33 à 35 akṣ. D.-rel. (Sanscrit Dév. 187.)

173

I. *Āgnīdhraprayoga.*

II. *Aikāhikacāturmāsya(hautra)prayoga.*

III. *Cāturmāsyahautraprayoga.*

Cf. *Cat. India Office*, I, p. 76, nº 392 (3009 *f*).

IV. *Nirudhapaçubandhaprayoga.*

V. *Rahasyeṣṭi* et *Mṛgāreṣṭiprayoga.*

1744. Écriture nāgarī. Papier indien, 233 × 88 mm., 118 pages, 9 l., 26 à 34 akṣ. D.-rel. (Sanscrit Dév. 153.)

174

I. *Āgrayaṇaprayoga.*

II. *Sarvapṛṣṭhāptoryamaprayoga.*

Daté à la souscription finale : *Vikramābda... nandartunṛpa* = 1669 *Vik.*

XVIIIᵉ siècle. Écriture nāgarī. Papier indien, 222 × 85 mm., 88 pages, 9 à 18 l., 32 à 45 akṣ. D.-rel. (Sanscrit Dév. 154.)

175

I. *Āgrayaṇahautra.*

II. *Divaçyenāpādyeṣṭayaḥ*, par Apastamba, texte appelé aussi *Divaḥçveni apadyahautra.*

Cf. Aufrecht, t. II, p. 5 (*Apādya*).

III. *Mṛgāreṣṭihautra.*

IV. *Vrātapateṣṭihautra.*

Cf. Aufrecht, I, p. 39 et 622; II, p. 9.

1775. Écriture nāgarī. Papier indien, 210 X 90 mm., 26 pages, 9 à 10 l., 33 à 36 akṣ. D.-rel. (Sanscrit Dév. 188.)

176

Ātmaṣaṭkabhāṣya.

Commentaire de Sāyaṇa sur la 2e partie du 2e āraṇyaka de l'*Aitareya-āraṇyaka.*

Le texte va du 4e adhyāya au 7e adhyāya inclus du 2e āraṇyaka.

1831. Écriture nāgarī. Papier européen, 200 X 100 mm., 160 pages, 9 l., 25 à 30 akṣ. D.-rel. (Burnouf, 23.)

177

Ātharvaṇatantrarāja.

XVIIIe siècle. Écriture telinga. 350 olles, de 450 X 30 mm., 6 l., 35 à 45 akṣ. (Sanscrit Telinga 15.)

178-179

Ātharvaṇamantraçāstra.

I (13). 240 olles. — II (14). 194 olles.

XVIIIe siècle. Écriture telinga, 434 olles, de 455 X 33 mm., 5 à 8 l., 45 à 55 akṣ. (Sanscrit Telinga, 13 et 14.)

180-181

Ātharvaṇa-saṃhitā.

En deux parties : 1-10 ; 205, 11-20.

XVIIIe siècle. Écriture nāgarī. Papier indien, 233 X 153 mm., 470 pages, 9 l., 26 à 29 akṣ. Rel. veau. (Sanscrit Dév. 204-205.)

182

Ādhānaprayoga.

De l'école *Baudhāyana*. Cf. India Office, ms. 395 (380).

XVIIe siècle. Écriture nāgarī. Papier indien, 218 × 80 mm., 82 pages, 7 à 9 l., 40 à 44 akṣ. D.-rel. (Sanscrit Dév. 157.)

183

Āraṇīpada.

Collection de vers apparentée au Sāma-veda, en 6 daçatis.

1687. Écriture nāgarī. Papier indien, 235 × 105 mm., 21 pages, 6 l., 26 à 29 akṣ. D.-rel. (Sanscrit Dév. 176.)

184

Āraṇyakagāna (du *Sāma-veda.*)

Avec la *Mahānāmnī*. Cf. India Office, mss. 110, 111, 112-115 (665b, 68a, 2389a, 1294, 1295, 321b).

XVIIIe siècle. Écriture nāgarī. Papier indien, 220 × 38 mm., 227 pages, 5 à 6 l.; 28 à 32 akṣ. D.-rel. (Sanscrit Dév. 179.)

185

I. *Āraṇanamaskāra.*

II. *Pravaranirṇaya*

III. *Vṛṣotsargaprayoga.*

XVIIIe siècle. Écriture nagra. 24 olles, de 430 × 40 mm., 7 à 8 l., 45 à 55 akṣ. (Sanscrit Nagra 13.)

186

Āçvalāyana-gṛhya-sūtra.

1681. Écriture nāgarī. Papier indien, 205 × 85 mm., 58 pages, 7 à 10 l., 25 à 34 akṣ. D.-rel. (Sanscrit Dév. 138.)

187

Āçvalāyana-çrauta-sūtra.

Les 3 premiers adhyāyas.

XVIIIe siècle. Écriture nāgarī. Papier indien, 190 × 85 mm., 120 pages, 8 à 9 l., 30 à 32 akṣ. D.-rel. (Sanscrit Dév. 137.)

188

Āhnika, par Divākara Bhaṭṭa.

Voir le catalogue de Burnell, 136a.

XVIIIe siècle. Écriture nāgarī. Papier indien, 285 × 125 mm., 86 pages, 8 l., 36 à 38 akṣ. D.-rel. (Sanscrit Dév. 232.)

189

I. *Anantavratakathā.*

Extrait du *Bhaviṣyottarapurāṇa.*

II. *Karmānuṣṭhānapaddhati*, par Bhavadeva.

III. *Tarpaṇaprayoga.*

IV. *Nāndīmukhaçrāddhaprayoga.*

XVIIe siècle. Écriture bengalie. 108 olles de 410 × 40 mm., 3 à 4 l., 55 à 65 akṣ. (Sanscrit Bengali 98.)

190

Ekapādikā-kāṇḍa.

Section du *Çatapathabrāhmaṇa* (éd. Weber, p. 135-201).

XVIIe siècle. Écriture nāgarī. Papier indien, 290 × 128 mm., 241 pages, 7 l., 23 à 29 akṣ. D.-rel. (Sanscrit Dév. 147.)

191

Ekavāyī-kāṇḍa.

1er chap. du *Çatapathabrāhmaṇa*, dans la recension de la *Kāṇva çākhā.* (Weber, *W. Y. V.*, préf., p. x.)

1795. Écriture nāgarī. Papier indien, 242 × 100 mm., 124 pages, 8 à 9 l., 35 à 37 akṣ. D.-rel. (Sanscrit Dév. 180.)

192

I. *Īçāvāsyopaniṣad.*

40e *adhyāya* de la *Vājasaneyisaṃhitā* (fragment).

II. *Gītagovinda*, par Jayadeva.

III. *Kumārasaṃbhava.*

IV. *Talavakāropaniṣad.*

V. *Bhāṣāparicccheda*, par Viçvanātha Pañcānana.

XVIIIe siècle. Écriture bengalie. Papier indien, 320 × 80 mm., 2 pages, 8 l., 30 à 35 akṣ. D.-rel. (Sanscrit Bengali 228.)

193

Kārttavīryapaddhati.

Section de l'*Uḍḍāmara-tantra.*

XVIIIe siècle. Écriture nāgarī. Papier indien, 205 × 120 mm., 108 pages 9 l., 25 à 28 akṣ. D.-rel. (Sanscrit Dév. 422.)

194

Upaniṣat-kāṇḍa ou *Bṛhad āraṇyaka.*

14e livre du *Çatapathabrāhmaṇa.* (Weber, *W. Y. V.*, préf., p. IX.)

1626. Écriture nāgarī. Papier indien, 230 × 87 mm., 202 pages, 7 l., 29 à 30 akṣ. D.- rel. (Sanscrit Dév. 163.)

195

Upaniṣat-kāṇḍa.

17e livre du *Çatapathabrāhmaṇa*, *Kāṇva Çākhā.* (Weber, *W. Y. V.*, préf., p. X.)

XVIIIe siècle? Écriture nāgarī. Papier indien, 238 × 100 mm., 113 pages 9 l., 40 à 44 akṣ. D.-rel. (Sanscrit Dév. 182.)

196

Ūkhāsaṃbharaṇa-kāṇḍa.

Section du *Çatapathabrāhmaṇa* (éd. Weber, p. 499-568).

XVIIe siècle. Écriture nāgarī. Papier indien, 220 × 77 mm., 228 pages, 6 l., 29 à 32 akṣ. D.-rel. (Sanscrit Dév. 148.)

197

Ūkhāsambharaṇa-kāṇḍa.

8e livre du *Çatapathabrāhmaṇa, Kāṇva Çākhā* (Weber, *W. Y. V.*, préf. p. x.)

XVIIIe siècle. Écriture nāgarī. Papier indien, 278 × 117 mm., 168 pages, 8 l., 32 à 36 akṣ. D.-rel. (Sanscrit Dév. 167.)

198

Ūkhāsambharaṇa-kāṇḍa.

6e livre du *Çatapathabrāhmaṇa* (Weber, *W. Y. V.*, p. VIII).

XVIIIe siècle. Écriture nāgarī. Papier indien, 245 × 100 mm., 153 pages, 9 à 10 l., 39 à 42 akṣ. D.-rel. (Sanscrit Dév. 173.)

199-206

Ṛg-veda (padapāṭha).

I (205) 1793. 250 pages, 8 ou 9 l., env. 23 akṣ.
II (206) 1763. 229 pages, 8, 9 ou 10 l. env. 24 akṣ.
III (207) 1794. 207 pages, 9 ou 10 l., env. 24 akṣ.
IV (208) 1775. 116 pages, 9 ou 10 l., env. 25 akṣ.
V (209) 1794. 208 pages, 9 ou 10 l. env. 23 akṣ.
VI (210) 1793. 226 pages, 9 ou 10 l., env. 26 akṣ.
VII (211) 1763. 202 pages, 9 ou 10 l., env. 25 akṣ.
VIII (212) 1794. 251 pages, 9 ou 10 l., env. 23 akṣ.
8 aṣṭakas en 8 volumes. Écriture nāgarī. Papier indien, 202 × 100 mm. D.-rel. (Burnouf, 8.)

207-208

Ṛg-veda (padapāṭha).

N° 164 : Aṣṭaka 1-3, 138 pp.; n° 166 : Aṣṭaka 5-8, 158 pp. — Chaque aṣṭaka est paginé à part.

1657. Écriture nāgarī. Papier indien, 245 à 255 × 110 mm., 296 pages, 9-11 l., 35 à 40 akṣ. D.-rel. (Sanscrit Dév. 164 et 166.)

209

Ṛg-veda.

Aṣṭaka 4, en padapāṭha.

1687. Écriture nāgarī. Papier indien, 225 × 87 mm., 156 pages, 10 à 11 l., 33 à 36 akṣ. D.-rel. (Sanscrit Dév. 165.)

210-211

Ṛg-veda.

T. I. Aṣṭ. 1-4, 648 pp.; t. II. Aṣṭ. 5-8, 572 pp.

1744. Écriture nāgarī. Papier indien 245 × 110 mm., 1220 pages, 10 à 12 l., 30 à 40 akṣ. D.-rel. (Sanscrit Dév. 199-200.)

212

I. *Ṛg-veda.*

Fin de I, 31 et II, 1. Folio 36 du mss. 311.

II. *Gīta-govinda.*

Les 3 premiers vers, avec le commentaire de Vanamālī Bhaṭṭa. La suite se trouve à la page 53 du volume.

III. *Amarakoça,* I et II.

Fragment avec commentaire.

IV. *Pañcadaçī.*

De Sāyaṇa, avec le commentaire Tṛptidīpa. Fragment allant des fol. 32 à 34 du ms. n° 311.

V. *Vratārka?*

Fragment allant du fol. 36 au fol. 45 du n° 311, IV.

VI. *Vaidyajīvana,* par Lolimbarāja.

VII. *Yantrasāra.*

VIII. *Sāroddhāra.*

Éléments d'astronomie. (Voir n° 218.)

IX. *Makarandavivaraṇa,* par Divākara.

X. *Tājikabhūṣaṇa*, par Gaṇeçagajaka, fils de Daivajña Ḍhuṇḍhirāja.

XI. *Vārāhasaṃhitā*, par Varāha Mihira?

XII. *Yātakacandrikā*, par Yājñika Nātha.

XIII. *Yātakacandrikā*, par le même.

XVIIIe siècle. Écriture nāgarī. Papier indien, 290 × 145 mm., 360 pages, 7 l., 25 à 28 akṣ. D.-rel. (Sanscrit Dév. 311-320.)

213

Ṛg-veda.

XVIIIe siècle. Écriture telinga. 207 olles de 445 × 30 mm., 6 à 7 l., 65 à 70 akṣ. (Sanscrit Telinga 2.)

214

Ṛg-veda.

XVIIIe siècle. Écriture telinga. 374 olles de 380 × 30 mm., 6 l., 50 à 55 akṣ. (Sanscrit Telinga 3.)

215

Ṛg-veda-prātiçākhya.

Avec le commentaire d'Uvaṭa. — Ms. décrit par Roth, *Zur Literatur und Geschichte des Weda*, p. 53; cf. Regnier, *Journal Asiatique*, 1856, I, 166.

1695. Écriture nāgarī. Papier indien, 240 × 110 mm., 471 pages, 10 l., 34 à 36 akṣ. D.-rel. (Sanscrit Dév. 203.)

216-218

Ṛg-veda-bhāṣya.

Ṛg-veda, avec le commentaire de Sāyaṇa.

1833. Belle écriture nāgarī. Papier européen, 190 × 310 mm., I, 729 pages, env. 29 l., 30 à 33 akṣ. II, 968 pages, env. 29 l., 28 à 30 akṣ. III, 796 pages, env. 29 l., 30 à 32 akṣ. Rel. veau. (Burnouf, 12.)

219

Ṛg-veda-bhāṣya.

Ṛg-veda, avec le commentaire de Sāyaṇa.
I. 1er aṣṭaka.

XIXe siècle. Écriture nāgarī. Papier indien, 200 × 330 mm., 930 pages, 27 l., 23 à 28 akṣ. Del.-rel. (Sanscrit Dév. 207.)

220

Ṛg-veda-bhāṣya.

II. 2-3 aṣṭaka.

1839. Écriture nāgarī. Papier européen, 200 × 330 mm., 912 pages, 27 l., 23 à 28 akš. D.-rel. (Sanscrit Dév. 208.)

221

Ṛg-veda-bhāṣya.

III. 4-5 aṣṭaka.

XIXe siècle. Écriture nāgarī. Papier européen, 200 × 330 mm., 674 pages, 27 l., 23 à 28 akṣ. D -rel. (Sanscrit Dév. 209.)

222

Ṛg-veda-bhāṣya.

IV. 6-8 aṣṭaka.

1835. Écriture nāgarī. Papier européen, 200 × 330 mm., 1170 pages, 27 l., 23 à 28 akṣ. D.-rel. (Sanscrit Dév. 210.)

223

Ṛg-veda-bhāṣya.

T. I, 1er aṣṭaka complet. — V. Max Müller, *Ṛig-veda samhitá.* Préface de la 2e éd., p. XIX.

1569. Écriture nāgarī. Papier indien, 325 × 120 mm., 934 pages, 12 l., 54 à 56 akṣ. D.-rel. (Sanscrit Dév. 218.)

224

Ṛg-veda-bhāṣya.

T. I, 1er aṣṭaka.

XIXe siècle. Écriture nāgarī. Papier indien, 193 × 330 mm., 24 à 25 l., 32 à 34 akṣ. D.-rel. (Sanscrit Dév. 220.)

225

Ṛg-veda-bhāṣya.

T. VII, 7e aṣṭaka.

1572. Écriture nāgarī. Papier indien, 245 × 118 mm., 462 pages, 12 l., 36 à 38 akṣ. D.-rel. (Sanscrit Dév. 219.)

226

Ṛcaka ou *Kāṭhakāntargatasūktāni.*

XVIIIe siècle. Écriture kaçmīrī. Papier indien, 200 × 150 mm., 371 pages, 10 l., 22 à 26 akṣ. D.-rel. (Sanscrit Dév. 381.)

227

Ṛcaka ou *Kāṭhakāntargatasūktāni.*

XVIIIe siècle. Écriture kaçmīrī. Papier indien, 300 × 210 mm., 177 pages, 24 l., 24 à 28 akṣ. Feuilles détachées renfermées dans une boîte (Sanscrit Dév. 382.)

228

Ṛcaka Kāṭhakāntargatasūktāni ṛcakanāmnākhyātāni.

XVIIIe siècle. Écriture kaçmīrī. Papier indien, 110 × 80 mm., 280 pages, 8 à 10 l., 28 à 32 akṣ. D.-rel. (Sanscrit Dév. 383.)

229

Ṛcaka Kāṭhakāntargatasūktāni ṛcakanāmnākhyātāni.

En trois parties.

XVIIIe siècle. Écriture kaçmīrī. Papier indien, 120 à 270 × 180 mm., 100 pages. 15 à 22 l., 16 à 42 akṣ. D.-rel. (Sanscrit Dév., 384.)

230

Ṛcakas, Kāṭhakāntargatasūktāni.

Un sous-titre donne comme équivalent : *Kāçmīrika karmakāṇḍa paddhati.*

XVIIIe siècle? Écriture kāçmīrī. Papier indien, 155 × 225 mm., 897 pages, 15 à 18 l., 18 à 22 akṣ. D.-rel. (Sanscrit Dév. 387.)

231

Aitareya āraṇyaka.

Le texte s'arrête après le 4e āraṇyaka. La fin du 2e āraṇyaka qui manquait a été tracée par une autre main (p. 31 et 32), qui a introduit par erreur une numérotation inexacte des adhyāyas; mais en fait, malgré la note au crayon en tête du manuscrit, il n'y a pas de lacune intérieure.

XVIIe siècle. Écriture nāgarī. Papier indien, 203 × 93 mm., 84 pages, 8 l., 35 à 38 akṣ. D.-rel. (Sanscrit Dév. 139.)

232

Aitareya brāhmaṇa.

Texte complet en huit pañcikās.

XVIIIe siècle. Écriture nāgarī. Papier indien; *a* (s. d.), 207 × 97 mm., 44 pages, 9 ou 10 l., 33 akṣ.; *b* (1756), 213 × 77 mm., 55 pages, 8 l., 40 akṣ.; *c* (1761), 20 × 100 mm., 55 pages, 10 l., 35 akṣ.; *d* (s. d.), 210 × 97 mm., 50 pages, 9 l., 36 akṣ.; *e* (1755), 230 × 105 mm., 46 pages, 11 l., 37 akṣ.; *f* (1755), 228 × 104 mm., 42 pages, 10 l., 38 akṣ.; *g* (s. d.). 222 × 105 mm., 38 pages, 10 l., 40 akṣ.; *h* (1754), 230 × 104 mm., 36 pages, 10 l., 35 akṣ. (Burnouf, 9.)

233

Aitareya brāhmaṇa.

Pañcikās 1-5 (inclus.)

1744. Belle écriture nāgarī. Papier indien, 210 × 100 mm., 300 pages 8 l., 30 à 32 akṣ. D.-rel. (Burnouf, 10.)

234-235

Aitareya brāhmaṇa, en deux volumes, complet.

(Pañcikā 1-4.) D. 197, 101 pp.
(Pañcikā 5-8.) D. 198, 61 pp.

XVIIIe siècle. Écriture nāgarī. Papier indien, 180 à 185 × 72 à 75 mm., 162 pages, 4 à 7 l., 30 à 36 akṣ. D.-l. (Sanscrit Dév. 197 et 198).

236

Aitareya brāhmaṇa.

Les trois dernières pañcikās (6, 7, 8) de l'*Aitareya brāhmaṇa.*

1744. Écriture nāgarī. Papier indien, 227 × 100 mm., 48 pages, 9 l., 30 à 33 akṣ. D.-rel. (Sanscrit Dév. 140.)

237

I. *Aitareya brāhmaṇa*? Fragment.
II. *Aparuprayoga* (?)

XVIIIe siècle. Écriture nagra. 5 olles de 410 × 35 mm., 5 à 7 l., 40 à 50 akṣ. (Sanscrit Nagra 15.)

238

Karmapradīpa.

Identique au ms. India Office 460 (2663 *a*), 461 (41 *a*).

1651. Écriture nāgarī. Papier indien, 230 × 88 mm., 74 pages, 7 à 8 l., 33 à 35 akṣ. D.-rel. (Sanscrit Dév. 170.)

239

Kauṣītaki brāhmaṇa.

Incomplet, s'arrête après le xve adhyāya.

XVIIIe siècle. Écriture nāgarī. Papier indien, 155 × 95 mm., 156 pages 9 l., 30 à 33 akṣ. Rel. chagr. (Sanscrit Dév. 298.)

240

I. *Cayayāghāmi* (?).

II. *Karṇāmṛta* (?).

XVIIIe siècle. Écriture grantha. 26 olles de 420 × 25 mm., 4 l., 40 à 50 akṣ. (Sanscrit Grantha 61.)

241

Citi-kāṇḍa.

8e livre du *Çatapathabrāhmaṇa*, Weber, *Y. V.*, préf., p. VIII.

1587. Écriture nāgarī. Papier indien, 170 × 90 mm., 325 pages, 6 l., 19 à 22 akṣ. D.-rel. (Sanscrit Dév. 195.)

242

Chandogamantrabhāṣya.

Commentaire sur les Mantras du *Gobhilagṛhyasūtra*, par Guṇaviṣṇu, fils de Dāmuka.

I, fol. 1-52; II, fol. 1-36; III, fol. 1-13.

1731. Écriture bengalie. Papier indien, 350 × 90 mm., 196 pages, 5 à 7 l., 38 à 44 akṣ. D.-rel. (Sanscrit Bengali 140.)

243

I. *Chāndogyopaniṣad.*

II. *Vāsiṣṭharāmāyaṇa* ou *Yogavasiṣṭha.*

A partir de la page 109, série d'*Upaniṣads* (109-110 : *Paippalāda mokṣaçāstra.* 110-119 : *Kṛṣṇopaniṣad.* 119-120 : *Sāmavedopaniṣad.* 120-125 : *Sāmavedopaniṣade caturthaçākhāyāṃ mahopaniṣad.* 133 : *Chāndogyopaniṣadi ṣaṣṭhaḥ.* 153 : *Sāmavede çākhādicatuṣṭaya* (?) *pratiṣṭhita sakha* (?) *çvaropaniṣad*).

XIXe siècle. Écriture bengalie. Papier européen, 330 × 200 mm., 252 pages, 20 à 31 l., 20 à 30 akṣ. D. rel. (Sanscrit Bengali 182.)

244

I. *Gaṇahoma.*

II. *Kārīrīṣṭiprayoga.*

XVIIIe siècle Écriture nāgarī. Papier indien, 210 × 80 mm., 23 pages, 6 à 7 l., 35 à 38 akṣ. D.-rel. (Sanscrit Dév. 189.)

245

I. *Gargasaṃhitā.*

II. *Līlāvatī*, première partie du *Siddhāntaçiromaṇi*, par Bhāskara.

III. *Rekhāgaṇitakṣetravyavahāra*, par Jagannātha.

IV. *Çākalyasaṃhitā*. Identique au ms. n° 304 I.

V. *Saptarṣicāra*. 13e adhyāya de la *Bṛhatsaṃhitā* de *Varāhamihira.*

1840. Écriture bengalie. Papier indien, 225 × 293 mm., 244 pages, 27 à 29 l., 25 à 30 akṣ. D.-rel. (Sanscrit Bengali 184. — Guérin, 10.)

246

Gṛhyasūtra de Gobhila.

Calqué sur le ms. Chambers 92 de la Bibliothèque royale de Berlin, daté de 1551. Écriture nāgarī. Papier européen, 285 × 110 mm., 57 pages, 10 l., 33 à 36 akṣ. Rel. mar. (Sanscrit Dév. 224.)

247

Graha-kāṇḍa.

4e livre du *Çatapathabrāhmaṇa*. V. Weber, *W. Y. V.*, II, préf., p. VIII.

XVIIe siècle. Écriture nāgarī. Papier indien, 238 × 95 mm., 186 pages, 7 l., 38 à 40 akṣ. D.-rel. (Sanscrit Dév. 162.)

248

Graha-kāṇḍa.

5e livre du *Çatapathabrāhmaṇa*, *Kāṇva Çākhā*. V. Weber, *Y. V.*, préf., p. x.)

Copie moderne, exécutée sur un ms. de 1595. Écriture nāgarī. Papier indien, 240 X 100 mm., 158 pages, 8 l., 42 à 44 akṣ. D.-rel. (Sanscrit Dév. 183.)

249

Tāṇḍya brāhmaṇa.

1627. Écriture nāgarī. Papier indien, 240 X 100 mm., 315 pages, 7 à l., 46 à 49 akṣ. D.-rel. (Sanscrit Dév. 143.)

250

Tāṇḍya brāhmaṇa, avec le *Sāmavedārthaprakāça*, par Sāyaṇa.

XVIIe siècle. Écriture nāgarī. Papier indien, 290 X 125 mm., 1475 pages, 9 l., 43 à 47 akṣ. D.-rel. (Sanscrit Dév. 143 A.)

251

Darçapūrṇamāsa-prayoga.

Rituel de l'école Āpastamba.

Fin : *Iti çrī çrautānuṣṭhāna darçapūrṇamāsa Āpastambaprayoga samāptaḥ.*

1751. Écriture nāgarī. Papier indien, 225 X 100 mm., 110 pages, 8 l., 38 à 41 akṣ. (Sanscrit Dév. 149.)

252

I. *Darçapaurṇamāsa-hautra-prayoga.*

Identique au ms. India Office 386 (3009 *h*).

II. *Baudhāyana-çrauta-sūtra.*

Agniṣṭoma sūtra et *Pravargya praçna* du *Baudh° çr° s°*, identique au ms. India Office 284 (3186) D et E. Le texte est accompagné d'annotations nombreuses.

1756. Écriture nāgarī. Papier indien, 240 × 105 mm., 175 pages, 10 l., 36 à 38 akṣ. D.-rel. (Sanscrit Dév. 190.)

253

I. *Dīkṣāvidhāna.*

II. *Kamikatantre aṅgaliṅgapratiṣṭhā.*

III. *Rauravatantre kṣetraliṅgapratiṣṭhā.*

IV. *Çivapūjāvidhi.*

V. *Siddhāntaçikhāmaṇi.*

VI. *Siddhāntacintāratnasaṃgraha,* par Puṃgava Revaṇa Ārādhya.

VII. *Navacakrasaṃgraha* (?).

XVIIe siècle. Écriture grantha. 260 olles de 478 × 62 mm., 12 à 14 l., 85 à 100 akṣ. (Sanscrit Grantha 26.)

254

Nānāpāṭhaka ou *Uaayakara pāṭhaka* (?).

XVIIIe siècle. Écriture telinga. 87 olles de 450 × 37 mm., 8 l., 60 à 70 akṣ. (Sanscrit Nagra 27.)

255

Nighaṇṭu.

Glossaire védique.

XIXe siècle. Écriture nāgarī. Papier européen. 215 × 105 mm., 23 pages, 9 l., 26 à 30 akṣ. D. rel. (Burnouf, 24.)

256

Nighaṇṭu.

Transcription du ms. précédent, faite par M. Fr. Rosen, pour Eug. Burnouf.

1836. Écriture européenne. Papier européen. 127 × 202 mm., 23 pages, 21 l., 18 à 22 akṣ. D.-rel. (Burnouf, 25.)

257

Nirukta.

Explication des termes védiques, par Yāska.

Ms. A. de Roth. Cf. R. Roth, *Yāska's Nirukta*, Göttingen, 1852, p. III.

1767. Écriture nāgarī. Papier indien, 205 × 100 mm., 122 pages, 7 à 10 l., 32 à 35 akṣ. D.-rel. (Sanscrit Dév. 136.)

258-259

Nirukta.

1825-1828. Écriture nāgarī. Papier indien. I, 200 × 90 mm., 124 pages, 9 l., 30 à 34 akṣ. II, 232 × 90 mm., 148 pages, 9 l., 32 à 34 akṣ. D.-rel. (Burnouf, 26.)

260-261

Nirukta.

XIXe siècle. Écriture nāgarī. Papier européen, 223 × 97 mm. I, 133 pages, 9 l., 32 à 34 akṣ. II, 140 pages, 9 l., 32 à 36 akṣ. D.-rel. (Burnouf, 27.)

262

Nirukta.

« *Nairuktaçabdasaṁgraha*, ou collection de mots anciens appartenant au dialecte des Veda. Ce vocabulaire a été copié d'après une copie que M. Poley avait faite à Londres sur le manuscrit original. Paris, juillet 1837 ». [Note de Burnouf.]

1837. Écriture nāgarī. Papier européen, 140 × 236 mm., 33 pages, 17 l., 3 à 20 akṣ. D. rel. (Burnouf, 28.)

263

Nirukta-vṛtti.

Commentaire sur le Nirukta, par Durgācārya; en deux parties.

1841. Écriture nāgarī. Papier européen, 325 × 200 mm., 502 pages, 18 à 19 l., 35 à 45 akṣ. D. rel. (Burnouf, 29.)

264

Nirukta-vṛtti.

Commentaire de Durgasiṃha.

XIXe siècle. Écriture nāgarī. Papier européen, 203 × 333 mm. (fol. 1-204; 1-114) env. 630 pages, 25 l., 21 à 24 akṣ. (Sanscrit Dév. 136 A.)

265

I. *Nividadhyāya* (?).
II. *Nāgapratiṣṭhāvidhi.*
III. *Stotra* (?).

XVIIIe siècle. Écriture nagra. 33 olles de 380 × 35 mm., 6 à 8 l., 7 à 9 col., 30 à 40 akṣ. (Sanscrit Nagra 12.)

266

I. *Prayogapustaka.*
II. *Annaprāçanakarmapuṃsava.*
III. *Varāhakavaca.*

XVIIIe siècle. Écriture nagra. 83 olles de 395 × 25 mm., 4 l., 40 à 50 akṣ. (Sanscrit Nagra 14.)

267

Prāyaçcitta-pradīpa.

Catal. India Office, I, 449 (1467 A).

XVIIIe siècle. Écriture nāgarī. Papier indien, 230 × 95 mm., 113 pages, 10 à 11 l., 34 à 36 akṣ. D.-rel. (Sanscrit Dév. 192.)

268

Baudhāyanīya-agniṣṭoma-prayoga.

Auteur : Çeṣa Nārāyaṇa. Cat. India Office, I, p. 82, n° 416 (86).

XVIIIe siècle. Écriture nāgarī. Papier indien, 125 × 90 mm., 151 pages, 10 à 11 l., 47 à 50 akṣ. D.-rel. (Sanscrit Dév. 152.)

269

Baudhāyana cayanaprayoga.

XVIIe siècle. Écriture nāgarī. Papier indien, 225 × 95 mm., 132 pages, 12 l., 36 à 38 akṣ. D.-rel. (Sanscrit Dév. 158.)

270

Madhyama-kāṇḍa.

12e livre du *Çatapathabrāhmaṇa*.
V. Weber, *W. Y. V.*, II, préface, p. IX.

1600. Écriture nāgarī. Papier indien, 195 × 100 mm., 359 pages, 5 l., 18 à 20 akṣ. D.-rel. (Sanscrit Dév. 159.)

271

Mantra-saṃhitā.

Collection de formules destinées aux rites domestiques, appartenant à une école indéterminée. Les premiers vers, p. 1, sont : 1, 2, 3 = Ṛgv., X, 184 ; 4, 5, 6 = *Khila* XXIII, à la suite de X, 184 ; 7 = X, 121, 10, 8, 9 = V, 4, 6 et 7 (*Garbhādhāna*). Les derniers vers du recueil sont : *atha gosūkta* : Ṛgv. IX, 112 et 113 : *atha gosūkta* : VI, 28 ; enfin X, 169.

Le recueil semble différer de celui qui est décrit dans le Cat. de l'India Office, I, 73 (n°s 1970 et 781).

Les textes sont généralement accentués.

1694. Écriture nāgarī. Papier indien, 202 × 105 mm., 213 pages, 7 à 10 l., 30 à 32 akṣ. D.-rel. (Sanscrit Dév. 141.)

272

Maitrāvaruṇaprayoga.

Diffère de l'exemplaire de l'India Office 281 (421). Incip. *hotā yakṣad agniṃ samidhā.*

1764. Écriture nāgarī. Papier indien, 205 × 90 mm., 47 pages, 9 l., 28 à 30 akṣ. D.-rel. (Sanscrit Dév. 155.)

273

Yajurveda.

Yajur Véda blanc, *Vājasaneyi-saṃhitā Kāṇvaçākhā*, toute en padapāṭha. Adh. 1-10.

1634. Écriture nāgarī. Papier indien, 235 × 105 mm., 227 pages, 12 l., 32 à 32 akṣ. D.-rel. (Burnouf, 13).

274

Yajurveda.

Vājasaneyi-saṃhita, texte en kramapāṭha. Adh. 1-40.
Texte de la *Kāṇva-çākhā*.

XVIIe siècle? Écriture nāgarī. Papier indien, 220 × 110 mm., 189 pages, env. 11 l., 30 à 34 akṣ. D.-rel. (Burnouf, 14.)

275

Yajurveda.

Vājasaneyi-saṃhitā (kramapāṭha).
Texte de la *Kāṇva-çākhā*, depuis l'adhyāya 6 de cette *çākhā* jusqu'à l'adhyāya 20 inclus (= adh. 18 de la *Mādhyaṃdina-çākhā*).

XVIIe siècle. Écriture nāgarī. Papier indien, 248 × 137 mm., 258 pages, env. 12 l., 23 à 30 akṣ. D.-rel. (Burnouf, 14 *bis*).

276

Yajurveda.

Vājasaneyi saṃhitā, texte en kramapāṭha.
Kāṇva-çākhā. Adyaya 21 à 36, v. 10.

XVIIe siècle? Écriture nāgarī. Papier indien, 280 × 98 mm., 160 pages, 9 l., 25 à 30 akṣ. D.-rel. (Burnouf, 15.)

277-281

Yajurveda.

Āpastamba, 7 aṣṭakas en 5 vol.

Taittirīya, padapāṭha saṃhitā. V. Weber, *Taittirīya Saṃhitā.* (*Indische Studien*, XI-XII).

1815-1818. Écriture nāgarī. Papier européen, 208 × 98 mm. I, 130 pages, env. 9 l., 23 à 33 akṣ. II, 404 pages, 7 l., 24 à 31 akṣ. III-IV, 252 pages, 9 l., 26 à 30 akṣ. V, 250 pages, 9 l., 26 à 30 akṣ. VI-VII, 410 pages, 30 à 32 akṣ. D.-rel. (Burnouf, 16.)

282-284

Yajurveda.

Āpastamba, 7 aṣṭakas en 3 vol.
V. Weber, *Indische Studien*, XI-XII.

1825. Écriture nāgarī. Papier européen, 200 × 85 mm. I-II, 323 pages, 8 l., 35 à 40 akṣ. III-IV-V, 163 pages, 8 l., 35 à 40 akṣ. VI-VII, 280 pages, 8 l., 35-38 akṣ. D.-rel. (Burnouf, 17.)

285-286

Yajurvedabrāhmaṇa. Rituel du Yajur Veda.

V. *Taittirīya brāhmaṇa*, éd. *Bibl. Indica.*

1815-1817. Écriture nāgarī. Papier européen (t. I et II). Papier indien (t. III), 290 × 98 mm. I, 350 pages, 9 l., 30 à 40 akṣ. II, 239 pages, 8 l., 28 à 35 akṣ. III, 201 pages, 9 l., 30 à 35 akṣ. D.-rel. (Burnouf, 18.)

287

Yajurveda.

Kāṇva çākhā. Adh. 1-23; incomplet.

1831. Écriture nāgarī. Papier européen, 205 × 155 mm., 291 pages, 11 l., 22 à 27 akṣ. D.-rel. (Burnouf, 19.)

288

[*Yajurveda*] *āraṇa* (sic).

C'est le *Taittirīya Āraṇyaka*, édité dans la *Bibl. Indica.*

1817. Écriture nāgarī. Papier indien, 212 × 95 mm., 264 pages, 9 l., 32 à 34 akṣ. D.-rel. (Burnouf, 20).

289

Yajurveda prāyaçciti.

Fragment.

XIXe siècle? Écriture kāçmīrī. Papier indien, 150 × 120 mm., 32 pages, 12 à 15 l., 30 à 32 akṣ. D.-rel. (Sanscrit Dév. 349.)

298-291

Yajurveda taittirīyasaṃhitā.

En 7 kāṇḍas et 44 praçnas. 2 exemplaires : n° 1, fol. 1-342 ; n° 2, fol. 1-235.

XIXe siècle. Écriture grantha. 1. 342 olles de 460 × 35 mm., 5 l. — 2. 235 olles de 450 × 33 mm., 7 à 8 l., 70 à 80 akṣ. (Sanscrit Grantha 1 et 2.)

292

I. *Rājasūya-kāṇḍa.*

II. *Vājapeya-kāṇḍa*, 6e et 7e l. du *Çatapathabrāhmaṇa*, *Kāṇva Çākhā.*

Weber, *Y. V.*, préf., p. x.

1795. Écriture nāgarī. Papier indien, 245 × 95 mm. 92 pages. 9 l., 36 à 38 akṣ. D.-rel. (Sanscrit Dév. 185.)

293

Lāṭyāyana-çrauta-sūtra.

Calqué sur le ms. Chambers 89 de la Bibliothèque royale de Berlin, daté de 1461. Écriture nāgarī. Papier européen, 280 × 98 mm., 167 pages, 8 l., 40 à 43 akṣ. Rel. mar. (Sanscrit Dév. 222.)

294

Lāṭyāyana-sūtra-bhāṣya.

Commentaire sur les Aphorismes de Lāṭyāyana.

Calque pris sur le ms. Chambers 436 de la Bibliothèque royale de

Berlin (s. d.). Écriture nāgarī. Papier européen, 288 × 98 mm., 575 pages, 10 à 16 l., 35 à 50 akṣ. Rel. mar. (Sanscrit Dév. 223.)

295-296

Vājasaneyi-saṃhitā.

En deux volumes. — Weber, *Y. V.*, I. préf., p. VII : « A very good old copy (with 25 new leaves dated samvat 1843). »

1777. Écriture nāgarī. Papier indien, 210 × 120 mm., 452 et 288 pages, 7 l., 20 à 22 akṣ. D.-rel. (Sanscrit Dév. 201-202.)

296

I. *Vājasaneyi-saṃhitā* (1-130).

II. *Kāṭhaka-upaniṣad-bhāṣya*, de Cankara (131-162).

III. *Vedāntasāra* (164-174).

IV. *Upadeçaçlokāḥ*, par Aṣṭāvakra (= *Aṣṭāvakragītā saṃhitā*) (176-190).

V. *Tarka-bhāṣā*, de Kecavamiçra (192-225).

VI. *Muṇḍaka-upaniṣad* (Commentaire de Çaṅkara sur la) (226-248).

VII. *Bṛhad āraṇyaka-upaniṣad* (249-298).

1781. Écriture nāgarī. Papier indien, 350 × 148 mm., 395 pages, 10 l., 45 à 50 akṣ. D.-rel. (Sanscrit Dév. 59. — Polier 4 C.)

297

Vedadīpa.

Commentaire de Mahīdara, fils de Rāmabhakta, sur la *Vājasaneyi-saṃhitā* du *Yajurveda*.

V. Weber, *W. Y.*, préface, p. IX.

1840. Écriture nāgarī. Papier européen, 325 × 195 mm., 684 pages, 17 l., 46 à 50 akṣ. D.-rel. (Burnouf, 21.)

298

Vedadīpa.

Commentaire sur la *Vājasaneyi-Saṃhitā*, par Mahīdhara.

° Incomplet.

V. Weber, *W. Y. V.*, préf., p. IX.

1838. Écriture nāgarī. Papier indien, 484 pages, 28 l., 26 à 29 akṣ. Rel. v. (Sanscrit Dév. 206.)

299

Vyūḍhadvādaçāha-prayoga.

Manuel de l'udgātar (*audgātṛtva*) pour le *dvādaçāha*. Le manuscrit correspond à la description donnée Cat. de l'India Office, I, 85 et 86.

1736. Écriture nāgarī. Papier indien, 220 × 100 mm., 246 pages, 6 à 8 l., 31 à 35 akṣ. D.-rel. (Sanscrit Dév. 142.)

300

Vyūḍhadvādaçāha-prayoga.

Même ouvrage que le précédent, mais incomplet et, de plus, la notation du chant n'est pas marquée.

XIXe siècle. Écriture nāgarī. Papier indien, 255 × 107 mm., 83 pages, 7 l., 36 à 38 akṣ. D.-rel. (Sanscrit Dév. 142 A.)

301

[*Vyūḍhāhīna-*]*dvādaçāha-prayoga.*

Œuvre de Sadārāma, fils de Deveçvara Tripāṭhi, fils de Sūrajit Tripāthi. Souscription : *Iti ... dvādaçāhaprayogaḥ samāpto vyūḍhāhīna dvādaçāhaḥ.* Différent du *Vyūḍhāhīna dvādaçāha div°*... (finit p. 86).

A la suite un autre texte : *Sarvajin mahāvrata prayoga*, du même auteur (p. 1-19).

XVIIe siècle. Écriture nāgarī. Papier indien, 245 × 105 mm., 206 pages, 9 l., 43 à 45 akṣ. D.-rel. (Sanscrit Dév. 150.)

302-303

Çatapathabrāhmaṇa-bhāṣya.

La souscription du vol. II (kāṇḍa II), nomme comme l'auteur du commentaire l'ācārya Sāyaṇa, ministre de Harihara ; celui du vol. I (k. IV), l'ācārya Hariharasvamin.

XVIIIe siècle. Écriture nāgarī. Papier européen, 308 × 98 mm., I, 284 pages, 9 l., 50 à 54 akṣ. II, 252 pages, 9 l., 45 à 50 akṣ. D.-rel. (Burnouf, 22.)

304

I. *Çākalyasaṃhitā.*

6e adhyāya du *Brahmasiddhānta* dans le second *praçna*, dans la *Çākalya-Saṃhitā.*

II. *Sūryasiddhāntavivaraṇa*, par Dādābhāi.

III. *Saptarṣicāra.*

IV. *Saptarṣivicāra*, par Sārvabhauma.

V. *Rekhāgaṇitakṣetravyavahāra*, par Jagannātha.

VI. *Grahalāghavaudāharaṇavṛtti*, commentaire sur le *Siddhāntarahasya* de Gaṇeça Daivajña, par Viçvanātha.

VI. *Sūryasiddhāntaṭippaṇī.*

1840. Écriture bengalie. Papier indien, 220 × 275 mm., 397 pages, 22 à 26 l., 20 à 30 akṣ. D.-rel. (Sanscrit Bengali, 187. — Guérin, 20.)

305

[*Çrauta-*]*prayoga-ratna-bhūṣa.*

Par Devīya Raghunatha, fils de Gaṇeça Bhaṭṭa, fils de Bhaṭṭa Raghunātha fils de Haribhaṭṭa (manque au *Catalogus Catalogorum* d'Aufrecht).

1776. Écriture nāgarī. Papier indien, 242 × 112 mm., 224 pages, 9 l. 37 à 40 akṣ. D.-rel. (Sanscrit Dév. 193.)

306

Çrāddhaprayogatattva.

Par Harihara Bhaṭṭācārya.

1824 ? Écriture bengalie. Papier indien, 355 × 80 mm., 97 pages, 6 l. 38 à 42 akṣ. D.-rel. (Sanscrit Bengali 71 B.)

307

Ṣaḍuṅgapāṭha.

Fragment du Rudrādhyāya (Adh. 1-6; complet).

XIXe siècle. Écriture nāgarī. Papier indien, 135 × 95 mm., 41 pages, 9 l., 18 à 20 akṣ. D.-rel. (Sanscrit Dév. 10.)

308

Sāmavidhāna brāhmaṇa.

XVIIIe siècle. Écriture nāgarī. Papier indien, 228 × 92 mm., 66 pages, 7 l., 27 à 30 akṣ. D.-rel. (Sanscrit Dév. 177.)

309

Sāmaveda uttara-saṃhitā.

2e partie de la *Saṃhitā* du *Sāmaveda.*

1569. Écriture nāgarī. Papier indien, 230 × 93 mm., 116 pages, 7 l., 25 à 28 akṣ. D.-rel. (Sanscrit Dév. 178).

310-312

Sāmaveda.

I. fol. 1-97. — II. 1-107. — III. 1-84.

XVIIIe siècle. Écriture nāgra. 208 olles de 428 à 475 × 30 à 35 mm., 6 à 7 l., 40 à 60 akṣ. (Sanscrit Nagra 41, 42, 43.)

313

Sāmaveda (?).

XVIIIe siècle. Écriture telinga, 318 olles de 380 × 27 mm., 6 l., 50 à 60 akṣ. (Sanscrit Telinga 8.)

314

Sāmaveda-saṃhitā.

Fragment.

XVIIIe siècle. Écriture telinga. 109 olles de 440 × 30 mm., 6 l, 50 à 60 akṣ. (Sanscrit Telinga 9.)

315

Sāmaveda-saṃhitā.

Fragment.

XVIIIe siècle. Écriture telinga. 39 olles de 455 × 40 mm., 8 à 10 l., 65 à 70 akṣ. (Sanscrit Telinga 10.)

316

Sāmavedīya-kalpa-sūtra.

Calqué sur le ms. Chambers 100 de la Bibliothèque royale de Berlin, daté de 1601. Écriture nāgarī. Papier européen, 255 × 130 mm., 290 pages, 6 l. 19 à 21 akṣ. Rel. mar. (Sanscrit Dév. 221.)

317

Saṃciti-kāṇḍa.

11e livre du *Çatapatha Brāhmaṇa.*

1810. Écriture nāgarī. Papier indien, 310 × 115 mm., 94 pages, 9 à 10 l., 39 à 45 akṣ. D.-rel. (Sanscrit Dév. 145.)

318

Saṃciti-kāṇḍa.

11e livre du *Çātapatha Brāhmaṇa, Kāṇva Çākhā.* Weber, *Y. V.*, préf., p. x.

1595. Écriture nāgarī. Papier indien, 295 × 115 mm., 138 pages, 9 ou 10 l., 35 à 37 akṣ. D.-rel. (Sanscrit Dév. 169.)

319

Saṃciti-kāṇḍa.

Copie du n° 318. Weber, *id.*

XVIIe siècle? Écriture nāgarī. Papier indien, 235 × 100, 162 pages, 9 à 10 l., 33 à 41 akṣ. D.-rel. (Sanscrit Dév. 171.)

320

Saṃhitās védiques.

Fragments sans suite du *Sāma Veda*, de l'*Atharva Veda*, et du *Ṛg Veda*.

Dates diverses, de 1730 à 1760. Écriture nāgarī. Papier indien, 270 × 150 mm., 121 pages, 6 à 8 l., 25 à 29 akṣ. Rel. veau. (Sanscrit Dév. 45. — Anquetil, 13).

322

Sarvatomukha udgātṛva.

Probablement identique au *Sarvatomukhaudgātraprayoga*, du *Report* de Bhandarkar sur la tournée de 1883-84 (Bombay, 1887), p. 291, n° 445, qui est donné comme ayant pour auteur « Tripaṭhi, fils de Deveçvara » (*sic*), auteur des ouvrages classés sous les n^{os} Dév. 150 a et b.

Ces divers textes font sans doute partie de l'*Audgātra ratnākara*, « Manuel des fonctions des Udgātars aux sacrifices de Soma, par Sadārāma, fils de Deveçvara et petit-fils de Surajit » (Cat. India Office, I, p. 80, 409, 1254e. L'India Office ne possède qu'un fragment de ce manuel.

XVIIe siècle. Écriture nāgarī. Papier indien, 240 × 105 mm., 68 pages, 9 à 10 l., 44 à 46 akṣ. D.-rel. (Sanscrit Dév. 151.)

322

I. *Sarvānukramaṇī*, fol. 1-41 *b* ;
II. *Jyotiṣa*, fol. 1-5 *b*;
III. *Chandas*, fol. 1-7 *b* ;
IV. *Nighanṭu*, fol. 80-23 *b*.

Calqué sur le ms. Chambers 58, de la Bibliothèque royale de Berlin daté de 1778. Écriture nāgarī. Papier européen, 210 × 90 mm., 137 pages, 7 l., 34 à 36 akṣ. Rel. mar. (Sanscrit Dév. 226.)

323

Sarvānukramaṇī.

Titre écrit en tête par Burnouf : *Ṛg veda-çākala-anukramaṇī.* Table des hymnes du *Ṛg Veda* (1er aṣṭaka, p. 9 ; 2e, p. 20 ; 3e, p. 28 ; 4e, p. 37 ; 5e, p. 47 ; 6e, p. 58 ; 7e, p. 69 ; 8e, p. 79).

1847. Copie exécutée pour Eugène Burnouf par Max Müller. Écriture nāgarī. Papier européen, 245 × 90 mm., 100 pages, 5 à 6 l., 35 à 40 akṣ. D.-rel. (Burnouf, 11.)

324

Savakāṇḍa.

5e livre du *Çatapathabrāhmaṇa.*

Écriture nāgarī. Papier indien, 310 × 115 mm., 94 pages, 10 à 11 l., 36 à 39 akṣ. D.-rel. (Sanscrit Dév. 144.)

825

Sāvitracayanaprayoga.

Souscription : *Iti Sāvitra Kāṭhaka cayana prayogo Baudhāyanīyaḥ samāptaḥ.*

1788. Écriture nāgarī. Papier indien, 210 × 75 mm., 42 pages, 8 à 9 l., 32 à 34 akṣ. D.-rel. (Sanscrit Dév. 156.)

326

Somahautra-prayoga ou *Agniṣṭomahautra.*

XVIIIe siècle ? Écriture nāgarī. Papier indien, 270 × 95 mm., 115 pages, 7 l., 48 à 50 akṣ. D.-rel. (Sanscrit Dév. 191.)

327

Haviryajña-kāṇḍa.

2e livre du *Çatapathabrāhmaṇa, Kāṇvaçākhā.* Weber, *V. V.*, préf., p. x.

1855. Écriture nāgarī. Papier indien, 245 × 105 mm., 149 pages, 11 à 12 l., 33 à 38 akṣ. D.-rel. (Sanscrit Dév. 181.)

328

Havya-kāṇḍa.

1er livre du *Çatapathabrāhmaṇa*. Weber, *Y. V.*, préf., p. VII.

XVIIe siècle. Écriture nāgarī. Papier indien, 200 × 100 mm., 242 pages, 8 à 10 l., 27 à 34 akṣ. D.-rel. (Sanscrit Dév. 161.)

329

Hastī-kāṇḍa.

7e livre du *Çatapathabrāhmaṇa*. Weber, *Y. V.*, préf., p. VIII.

XVIIIe siècle? Écriture nāgarī. Papier indien 125 × 155 mm., 103 pages, 7 à 10 l., 18 à 20 akṣ. D.-rel. (Sanscrit Dév. 196.)

330

Hastighaṭa-kāṇḍa.

9e livre du *Çatapathabrāhmaṇa*, *Kāṇvaçākhā*. Weber, *Y. V.*, préf., p. x.

1593. Écriture nāgarī. Papier indien, 295 × 120 mm., 100 pages, 8 l., 37 à 39 akṣ. D.-rel. (Sanscrit Dév. 168.)

331

Hastighaṭa-kāṇḍa.

Probablement copie du n° 330. Weber, *Y. V.*, préf., p. x.

1796. Écriture nāgarī. Papier indien, 245 × 95 mm., 91 pages, 9 l., 35 à 38 akṣ. D.-rel. (Sanscrit Dév. 172.)

332

Adhyātma-rāmāyaṇa.

Partie du *Brahmāṇḍapurāṇa*.

Écriture bengalie. Papier indien, 400 × 110 mm., 336 pages, 8 à 9 l., 60 à 65 akṣ. D.-rel. (Sanscrit Bengali 23.)

333

I. *Itihāsasamuccaya*, en 32 adhyāyas.

II. *Jyotiṣaratnamālā*, par Çrīpati.

III. *Ādityahṛdayastotra* du *Bhaviṣyottarapurāṇa*.

XVIIIe siècle. Écriture nāgarī. Papier indien, 240 × 210 mm., 227 pages, 20 l., 26 à 28 akṣ. Rel. or. (Sanscrit Dév. 20.)

334

Jaiminīyāçvamedha.

XVIIIe siècle. Écriture kaçmīrī. Papier indien, 120 × 170 mm., 800 pages, 13 à 22 l., 12 à 20 akṣ. D. rel. (Sanscrit Dév. 395. — Senart, 18.)

335

I. *Devīstotra*, *°kavaca*, etc., fol. 1-24 *b*;

II. *Devīmāhātmya*, extrait du *Mārkaṇḍeyapurāṇa*, en 16 adhyâyas, fol. 29 *b*-107 *b*;

III. *Ṣaḍaṅgapāṭha*, fol. 108*b*—129 *b*;

IV. *Harivaṃça* (extrait), fol. 130*b*—133 *b*.

XVIIIe siècle. Écriture nāgarī. Papier indien, 145 × 100 mm., 256 pages, 9 l., 20 à 25 akṣ. D.-rel. (Sanscrit Dév. 24.)

336

Bhagavad-gītā, avec le commentaire de Çrīdharasvāmin.

XIXe siècle. Écriture nāgarī. Papier indien, 200 × 115 mm., 352 pages, 10 à 12 l., 18 à 34 akṣ. Rel. soie. (Sanscrit Dév. 6.)

337

I. *Bhagavad-gītā*, fol. 1-150.

II. *Viṣṇusahasranāma*, fol. 152-187.

XIXe siècle. Écriture nāgarī. Papier indien, 120 × 80 mm, 370 pages, 6 l., 14 à 17 akṣ. 2 miniatures. D.-r. (Sanscrit Dév. 7.)

338

I. *Bhagavad-gītā*, fol. 1-180.
II. *Viṣṇusahasranāma*, fol. 182-223.
III. *Stavarāja*, fol. 226-257.
IV. *Anusmṛti*, fol. 259-276.
V. *Gajendramokṣaṇa*, fol. 277-317.

XVIIIe siècle. Écriture nāgarī. Papier indien, 95 X 55 mm., 630 pages, 5 l., 13 à 16 akṣ. 5 miniatures. D.-rel. (Sanscrit Dév. 8.)

339

Bhagavad-gītā.

XVIIIe siècle. Écriture nāgarī. Papier européen, 175 X 90 mm., 221 pages, 5 l., 20 à 25 akṣ. Rel. or. (Sanscrit Dév. 63. — Polier, 8.)

340

Bhagavad-gītā.

XIXe siècle. Écriture nāgarī. Papier indien, 130 X 80 mm., 213 pages, 7 l., 20 à 22 akṣ. D.-rel. (Sanscrit Dév. 299. — Burnouf.)

341

I. *Bhagavad-gītā*, fol. 1-123.
II. *Viṣṇusahasranāma*, fol. 124-153.
III. *Stavarāja*, fol. 154-173.
IV. *Anusmṛti*, fol. 175-186.
V. *Gajendramokṣaṇa*, fol. 187-212.

XIXe siècle. Écriture nāgarī. Papier indien, 100 X 55 mm., 450 pages, 6 l., 16 à 20 akṣ., 12 miniatures. D.-rel. (Sanscrit Dév. 247.)

342

I. *Bhagavad-gītā.*

II. *Çāntiparvan* du *Mahābhārata.*

XVIIe siècle? Écriture nāgarī. 168 olles de 230 × 35 mm., 4 l., 35 à 54 akṣ. (Sanscrit Dév. 347)

343

Bhagavad-gītā.

XVIIe siècle. Écriture grantha. 64 olles de 205 × 50 à 60 mm., 15 à 20 l., 30 à 35 akṣ. (Sanscrit Grantha 85.)

344

I. *Vratakalpa.* Deux fragments.

II. *Raṇapalavratakalpa* (?).

III. *Skandapurāṇa* (Fragment du).

IV. *Bhaviṣyottarapurāṇa* (Fragment du).

V. *Mahābhārata* (Fragment du).

XVIIIe siècle. Écriture nagra. 54 olles de 420 × 35 mm., 6 à 7 l., 50 à 55 akṣ. (Sanscrit Nagra 6.)

345

Mahābhārata-tātparyanirṇaya.

Par Ānandatīrtha.

XVIIIe siècle. Écriture nagra. 20 olles de 395 × 35 mm., 8 l., 50 à 60 akṣ. (Sanscrit Nagra 7.)

346-347

Mahābhārata. — Voir aussi les nos 349 à 383.

I-II. *Ādiparvan, Sabhāp°*, 213. — II-III. *Sabhāparvan, Vanap°*, 214. — V. *Udyogaparvan*, 215. — VI-VII, *Bhīṣmaparvan, Droṇap°*, 216. — VIII. *Karṇaparvan*, 217. — IX-X-XI. *Çalyaparvan, Sauptikap°, Strīp°*, 218. — XII. *Rājadharma*, 219. — XIII. *Mokṣadharma*, 220. — XIV. *Āçvamedhikaparvan*, 221.

XIXe siècle. Écriture bengalie. Papier indien, I-II. 435 × 125 mm., 499 pages, 10 l., 60 à 70 akṣ. II-III. 515 × 125 mm., 689 pages, 10 l., 65 à 70 akṣ V. 515 × 125 mm., 311 pages, 11 l., 70 à 75 akṣ. VI-VIII. 515 × 125 mm., 695 pages, 9 l., 65 à 75 akṣ. VIII. 315 × 125 mm., 243 pages, 9 l., 70 à 80 akṣ. IX-X-XI. 515 × 125 mm., 240 pages, 9 l., 70 à 80 akṣ. XII 515 × 155 mm., 480 pages, 6 à 18 l., 50 à 70 akṣ. XIII 515 × 190 mm., 570 pages, 6 à 18 l., 50 à 70 akṣ. XIV. 515 × 125 mm., 253 pages, 10 l., 60 à 70 akṣ, D.-rel. (Sanscrit Bengali 213-221.)

348-369

Mahābhārata. Livres I à XVIII.

348

I. *Ādiparvan*.

XVIIIe siècle. Écriture bengalie. 320 olles de 630 × 45 mm., 3 à 5 l., 3 col., 85 à 100 akṣ. (Sanscrit Dév. 20 A.)

349-350

I. *Ādiparvan*.

Tomes I et II.

XVIIIe siècle. Écriture bengalie. I. 193 olles de 765 × 45 mm., 3 à 4 l., 3 col., 90 à 110 akṣ. II. 211 olles de 760 × 43 mm., 2 à 4 l., 3 col., 90 à 110 akṣ. (Sanscrit Bengali 20 B et 20 C.)

351

II. *Sabhāparvan*.

1713. Écriture bengalie. 112 olles de 790 × 50 mm., 4 à 5 l., 3 col., 90 à 100 akṣ. (Sanscrit Bengali 20 D.)

352-353

III. *Araṇyaparvan*.

I. fol. 1-200. — II. fol. 201-435.

1671. Écriture bengalie. I. 200 olles de 695 × 50 mm., 3 à 5 l., 80 à 90 akṣ. II. 230 olles de 700 × 50 mm., 3 à 6 l., 70 à 90 akṣ. (Sanscrit Bengali 20 E et 20 F.)

354

IV. *Virāṭaparvan.*

XVIIIe siècle. Écriture bengalie. 84 olles de 610×35 mm., 4 l., 3 col., 85 à 100 akṣ. (Sanscrit Bengali 20 G.)

355

V. *Udyogaparvan.*

XVIIe siècle. Écriture bengalie. 138 olles de 555 × 45 mm., 4 à 5 l., 2 col., 85 à 95 akṣ. (Sanscrit Bengali 20 H.)

356

VI. *Bhīṣmaparvan.*

XVIIe siècle. Écriture bengalie. 197 olles de 715×50 mm., 4 l., 3 col., 80 à 100 akṣ. (Sanscrit Bengali 20 I.).

357

VII. *Droṇaparvan.*

XVIIe siècle. Écriture bengalie. 309 olles de 750×55 mm., 5 l., 3 col., 90 à 100 akṣ. (Sanscrit Bengali 20 K.)

358

VIII. *Karṇaparvan.*

XVIIIe siècle. Écriture bengalie. 228 olles de 675 × 50 mm., 3 à 5 l., 3 col., 65 à 80 akṣ. (Sanscrit Bengali 20 L.)

359-360

IX. *Çalyaparvan.*

XVIIIe siècle. Écriture bengalie. 122 et 114 olles de 770 × 50 mm., 3 à 5 l., 3 col., 100 à 110 akṣ. (Sanscrit Bengali 20 Ma et 20 Nb.)

361

X. *Sauptikaparvan.*

I. fol. 122-151. — II. fol. 114-125.

XVIIIe siècle. Écriture bengalie. 29 et 11 olles de 770×50 mm., 3 à 5 l., 3 col., 100 à 110 akṣ. (Sanscrit Bengali 20 Mb et 20 Nb.)

362

XI. *Strīparvan.*

I. fol. 151-176. — II. fol. 125-158.

XVIIIe siècle. Écriture bengalie. I. 25 olles de 770 × 50 mm., 3 à 5 l., 3 col., 100 à 110 akṣ. II. 32 olles de 770 × 50 mm., 3 à 5 l., 3 col., 100 à 100 akṣ. (Sanscrit Bengali 20 Mc et 20 Nc.)

363

XII. *Çāntiparvan.*

I. *Rājadharma.* — II. *Dānadharma.* — III. *Mokṣadharma.*

1677. Écriture bengalie. I. 186 olles de 700 × 50 mm., 5 l., 3 col., 90 à 110 akṣ. II. 208 olles de 690 × 60 mm., 5 l., 3 col., 75 à 85 akṣ. — III. 243 olles de 715 × 60 mm., 5 l., 3 col., 35 à 95 akṣ. (Sanscrit Bengali 20 O, P et Q.)

364

XIV. *Āçvamedhikaparvan.*

XVIIe siècle. Écriture bengalie. 148 olles de 590 × 50 mm., 3 à 4 l., 3 col., 70 à 80 akṣ. (Sanscrit Bengali 20 Ra).

365

XV. *Āçramavāsaparvan.*

Fol. 149-208.

XVIIe siècle. Écriture bengalie. 59 olles de 590 × 50 mm., 3 à 4 l., 3 col., 70 à 80 akṣ. (Sanscrit Bengali 20 Rb.)

366

XVI. *Mausalaparvan.*

Fol. 209-225. — Voir le n° 350.

XVIIe siècle. Écriture bengalie. 16 olles de 590 × 50 mm., 3 à 4 l., 3 col., 70 à 80 akṣ. (Sanscrit Bengali 20 Rc.)

367

XVII. *Mahāprasthānikaparvan.*

Fol. 226-232.

XVIIe siècle. Écriture bengalie. 6 olles de 590 X 50 mm., 3 à 4 l., 3 col., 70 à 80 akṣ. (Sanscrit Bengali 20 Rd.)

368

XVIII. *Svargārohaṇaparvan.*

Fol. 232-243.

XVIIe siècle. Écriture bengalie. 10 olles de 590 X 50 mm., 3 à 4 l., 3 col., 70 à 80 akṣ. (Sanscrit Bengali 20 Re.)

369

Harivaṃça.

XVIIe siècle. Écriture bengalie. 420 olles de 720 X 65 mm., 4 à 6 l., 3 col., 70 à 90 akṣ. (Sanscrit Bengali 20 S.)

370

Viduranītisāra de l'*Udyogaparvan* du *Mahābhārata.*

XIXe siècle. Écriture nāgarī. Papier indien, 180 X 115 mm., 17 pages, 8 l., 18 à 22 akṣ. D.-rel. (Sanscrit Dév. 240. — Ch. d'Ochoa.)

371

Viṣṇusahasranāma du *Mahābhārata.*

Avec le commentaire de Çaṅkarācārya.

XVIIIe siècle. Écriture nāgarī. Papier indien, 260 X 125 mm., 121 pages, 11 à 13 l., 27 à 43 akṣ. D.-rel. (Sanscrit Dév. 248. — Ch. d'Ochoa.)

372

Mahābhārata.

Ādiparvan (fol. 1-219).

1733. Écriture bengalie. Papier indien, 360 X 125 mm., 437 pages, 9 l., 44 à 50 akṣ. D.-rel. (Sanscrit Bengali 20 A.)

373

Mahābhārata.

Ādiparvan (fol. 220-334).

1733. Écriture bengalie. Papier indien, 360 × 125 mm., 226 pages, 9 l., 44 à 50 akṣ. D.-rel. (Sanscrit Bengali 20 B.)

374

Ānuçāsanikaparvan du *Mahābhārata.*

Fragment.

XVIIIᵉ siècle. Écriture grantha. 64 olles (dont 13 blanches) de 440 × 25 mm., 3 l., 45 à 50 akṣ. (Sanscrit Grantha 89.)

375

I. *Araṇyaparvan* du *Mahābhārata.*
II. *Mārkaṇḍeyapurāṇa.*

Ms. en très mauvais état.

XVIIIᵉ siècle? Écriture kāçmīrī. Ecorce de bouleau, 220 × 320 mm., 770 pages, 15 à 20 l., 24 à 32 akṣ. (Sanscrit Dév. 351-352.)

376

Āçvamedhikaparvan du *Mahābhārata.*

Adhyāyas 1-21.

XVIIIᵉ siècle. Écriture grantha. 34 olles de 415 × 40 mm., 10 à 11 l., 80 à 90 akṣ. (Sanscrit Grantha 90.)

377

Karṇaparvan du *Mahābhārata.*

Fol. 108-167 (450 × 35 mm.), commence à l'adhyāya 44 de la recension Grantha et s'arrête à l'adh. 65 de la même recension.

Fol. 1-21 (440 × 350 mm.), et fol. 29-108 (410 × 30 à 35 mm.), commence à l'adhyāya 67 de la recension Grantha (= 60 de la recension Nāgarī) et va jusqu'à la fin du *Parvan.*

XVIIIᵉ siècle. Écriture grantha. 167 olles de 450 × 35 mm., 6 l., 40 à 45 akṣ. (Sanscrit Grantha 88.)

378

Nalopākhyāna du *Mahābhārata*.

XIXe siècle. Écriture nāgarī. Papier indien, 200 × 100 mm., 137 pages, 7 l., 25 à 28 akṣ. D.-rel. (Sanscrit Dév. 300.)

379

Çāntiparvan du *Mahābhārata*.

Incomplet.

XVIIIe siècle. Écriture kāçmīrī. Papier indien, 260 × 360 mm., 440 pages, 24 à 26 l., 30 à 40 akṣ. D.-rel. (Sanscrit Dév. 350).

380

Mahābhārata.

Fragments.

XVIIe siècle. Ecriture grantha. 227 olles de 460 × 40 mm., 8 l., 70 à 80 akṣ. (Sanscrit Grantha 95.)

381

Harivaṃça.

Copie moderne corrigée par Gopāla Gosvāmin.

XIXe siècle. Écriture nāgarī. Papier européen, 200 × 270 mm., 1290 pages, 19 l., 20 à 22 akṣ. (Burnouf, 32.)

382

Harivaṃça.

1796. Écriture nāgarī. Papier indien, 395 × 300 mm., 559 pages, 17 l., 52 à 55 akṣ. D.-rel. (Sanscrit Dév. 55.)

383

Rāmāyaṇa de Vālmīki. — Voir aussi les n°s 385 à 410.

I. *Bālakāṇḍa*. — II. *Ayodhyākāṇḍa*. — III. *Āraṇyakakāṇḍa*. —

IV. *Kiṣkindhākāṇḍa.* — V. *Sundarakāṇḍa.* — VI. *Yuddhakāṇḍa* (inachevé). — VII. *Uttarakāṇḍa.*

1771. Écriture nāgarī. Papier indien, 310 × 195 mm., 1175 pages, 16 l., 42 à 50 akṣ. Rel. veau. (Sanscrit Dév. 2.)

384

Bālakāṇḍa du *Rāmāyaṇa.*

XVIIe siècle? Écriture grantha. 116 olles de 370 × 35 mm , 6 l., 45 à 50 akṣ. (Sanscrit Grantha 43.)

385

Bālakāṇḍa, Ayodhyāk°, Araṇyak° du *Rāmāyaṇa.*

XVIIIe siècle. Écriture grantha. 260 olles de 480 × 40 mm., 8 à 10 l., 60 à 75 akṣ. (Sanscrit Grantha 11.)

386

Kiṣkindhākāṇḍa, Sundarak°, Yuddhak° du *Rāmāyaṇa.*

XIXe siècle. Écriture grantha. 378 olles de 475 × 40 mm., 7 à 9 l., 65 à 80 akṣ. (Sanscrit Grantha 12.)

387

Ayodhyākāṇḍa.

XVIIIe siècle. Écriture bengalie. Papier indien, 400 × 130 mm., 375 pages, 10 à 11 l., 40 à 50 akṣ. D.-rel. (Sanscrit Bengali 222.)

388

Araṇyakāṇḍa.

XVIIe siècle. Écriture bengalie, 97 olles de 680 × 50 mm., 5 l., 3 col., 80 à 90 akṣ. (Sanscrit Bengali 21 a[1].)

389

Kiṣkindhākāṇḍa.

XVIIe siècle. Écriture bengalie. 82 olles de 680 × 50 mm., 5 l., 3 col., 80 à 90 akṣ. (Sanscrit Bengali 21 a[2].)

390

Kiṣkindhākāṇḍa.

XVIIe siècle. Écriture grantha. 156 olles de 450 × 35 mm., 7 à 9 l., 70 à 90 akṣ. (Sanscrit Grantha 44.)

391

Kiṣkindhākāṇḍa, Sundarakāṇḍa.

XVIIe siècle ? Écriture grantha. 70 olles de 330 × 48 mm., 14 à 15 l., 70 à 85 akṣ. (Sanscrit Grantha 97.)

392

Kiṣkindhākāṇḍa (Fin). — *Sundarakāṇḍa* (Commencement).

XVIIe siècle. Écriture grantha. 40 olles de 490 × 45 mm., 13 à 15 l. 120 à 130 akṣ. (Sanscrit Grantha 45.)

393

Sundarakāṇḍa.

Copie très ancienne.

XVe siècle ? Écriture bengalie. 177 olles de 370 × 70 mm., 7 à 8 l., 40 à 50 akṣ. (Sanscrit Bengali 138.)

394

Sundarakāṇḍa.

XVIIe siècle. Écriture grantha. 93 olles de 420 à 430 × 40 mm., 7 l., 55 à 65 akṣ. (Sanscrit Grantha 99.)

395

Sundarakāṇḍa.

XVIIIe siècle. Écriture bengalie. Papier indien, 450 × 125 mm., 253 pages 9 l., 45 à 55 akṣ. D.-rel. (Sanscrit Bengali 223.)

396

Sundarakāṇḍa.

Deux fragments.

XVIIIe siècle. Écriture nagra. 40 olles de 260 × 30 mm., 4 à 6 l., 20 à 25 akṣ. (Sanscrit Nagra 1.)

397

Yuddhakāṇḍa.

XVIIe siècle. Écriture grantha. 160 olles de 460 × 35 mm., 7 à 9 l., 75 à 85 akṣ. (Sanscrit Grantha 46.)

398

Uttarakāṇḍa.

XVIIe siècle. Écriture bengalie. 206 olles de 465 × 45 mm., 4 l., 60 à 70 akṣ. (Sanscrit Bengali 21.)

399

Uttarakāṇḍa.

XVIIIe siècle. Écriture bengalie. Papier indien, 370 × 95 mm., 179 pages, 5 à 6 l., 37 à 40 akṣ. D.-rel. (Sanscrit Bengali 224.)

400

Uttarakāṇḍa.

XVIIIe siècle. Écriture grantha. 98 olles de 510 × 35 mm., 7 l., 65 à 70 akṣ. (Sanscrit Grantha 13.)

401

Laṅkākāṇḍa du *Rāmāyaṇa.*

XVIIIe siècle? Écriture bengalie. Papier indien, 470 × 90 mm., 360 pages, 7 à 8 l., 60 à 70 akṣ. D.-rel. (Sanscrit Bengali 22.)

402

Rāmāyaṇa

Fragment.

XVIIe siècle? Écriture grantha. 201 olles de 440 X 60 mm., 18 à 21 l., 80 à 90 akṣ. (Sanscrit Grantha 96.)

403

Rāmāyaṇa.

Fragment.

XVIIe siècle? Écriture grantha. 91 olles de 470 X 40 mm., 7 l., 60 à 70 akṣ. (Sanscrit Grantha 98.)

404

Rāmāyaṇa.

Fragment.

XVIIe siècle ? Écriture grantha. 282 olles de 425 X 50 mm., 38 à 55 mm., 10 à 15 l., 80 à 90 akṣ. (Sanscrit Grantha 42.)

405

Rāmāyaṇa.

Fragment.

XVIIIe siècle? Écriture grantha. 13 olles de 335 X 30 mm., 5 à 6 l., 30 à 40 akṣ. (Sanscrit Grantha 47.)

406

Rāmāyaṇa.

Fragment.

XVIIe siècle? Écriture telinga. 184 olles de 300 X 56 mm., env. 20 l., 95 à 105 akṣ. (Sanscrit Telinga 1.)

407

Sundarakāṇḍa de l'*Adhyātmarāmāyaṇa.*

Section du *Brahmāṇḍapurāṇa.*

XVIIIe siècle. Écriture bengalie. 3 olles de 360 X 40 mm., 3 à 4 l., 35 à 70 akṣ. (Sanscrit Bengali 210.)

408

Agnipurāṇa.

1686. Écriture bengalie. 291 olles de 910 × 55 mm., 3 col., 115 à 130 akṣ. (Sanscrit Bengali 13 A.)

409

Agnipurāṇa.

Fragment, en mauvais état.

XVIIIe siècle? Écriture grantha. 57 olles de 330 à 360 × 35 mm., 5 à 6 l., 50 à 60 akṣ. (Sanscrit Grantha 51.)

410

Adhyātma-rāmāyaṇa.

Partie du *Brahmāṇḍapurāṇa.*

XVIIIe siècle? Écriture nāgarī. Papier indien, 390 × 170 mm., 246 pages, 12 à 13 l., 42 à 46 akṣ. Rel. v. (Sanscrit Dév. 3.)

411

I. *Aparādhasundarastotra*, par Çaṅkara.

II-III. Deux poésies en l'honneur de Devī et de Viṣṇu.

IV. *Navaratnamālā*, par Kālidāsa.

V. *Harivilāsa.*

VI. *Nirguṇāṣṭaka*, par Çāṅkara

Et plusieurs fragments.

1759. Écriture nāgarī. Papier indien, 190 × 280 mm., 86 pages, 20 à 23 l., 15 à 20 akṣ. D.-rel. (Sanscrit Dév. 267. — Ch. d'Ochoa.)

412

I. *Amaranāthamāhātmya.*

II. *Gaṅgāmāhātmya.*

III. *Triṃçacchlokībhāṣyam.*

Commentaire de l'*Açaucasamgraha* (Traité des impuretés rituelles), en 30 strophes (*trimçacchlokī*).

XVIIIe siècle? Écriture kāçmīrī. Papier indien, 280 × 170 mm., 90 pages, 10 à 17 l., 30 à 40 akṣ. D.-rel. (Sanscrit Dév. 357-359.)

413

Aṣṭapadīsvāmistotra.

XVIIIe siècle. Écriture grantha. 36 olles de 255 × 30 mm., 5 l., 40 à 45 akṣ. (Sanscrit Grantha 55.)

414

Ādityahṛdaya.

Fragments.

XVIIIe siècle. Écriture grantha. 16 olles de 420 × 35 mm., 6 l., 60 à 80 akṣ. (Sanscrit Grantha 105.)

415

Utkalakhaṇḍa du *Skandapurāṇa.*

XVIIIe siècle? Écriture bengalie. Papier indien, 485 × 95 mm., 388 pages, 6 l., 52 à 60 akṣ. D.-rel. (Sanscrit Bengali 4.)

416

I. *Utpalastotvāvalī*, texte et commentaire d'Utpaladeva.

II. *Mahārthamañjarī.*

III. *Stavacintāmaṇi*, par Mārāyaṇa Bhaṭṭa, avec le commentaire de Kṣemarāja.

XVIIIe siècle. Écriture kāçmīrī. Papier indien, 165 × 235 mm., 310 pages, 20 à 22 l., 18 à 22 akṣ. D.-rel. (Sanscrit Dév. 356.)

417

Kalkipurāṇa.

En 35 adhyāyas.

XVIIIe siècle? Écriture bengalie. Papier indien, 431 × 110 mm., 192 pages, 5 l., 40 à 50 akṣ. D.-rel. (Sanscrit Bengali 2.)

418

Kālahastimāhātmya.

XVIIe siècle? Écriture telinga. 160 olles de 430 X 25 mm., 4 à 5 l., 40 à 45 akṣ. (Sanscrit Telinga 23.)

419

Kālikāpurāṇa.

En 86 adhyāyas.

XVIIIe siècle? Écriture bengalie. Papier indien, 509 X 100 mm., 574 pages, 6 l., 70 à 80 akṣ D.-rel. (Sanscrit Bengali 3.)

420

Kāçīkhaṇḍa du *Skandapurāṇa.*

XVIIIe siècle. Écriture népalaise. Papier indien, 395 X 90 mm., 640 pages, 9 l., 70 à 74 akṣ. (Sanscrit Dév. 289.)

421-423

Kāçīkhaṇḍa.

Histoire de Bénarès, tirée du *Skandapurāṇa*, en 3 volumes : I, ch. 1-59. — II, ch. 60-72 (la mention du ch. 71 manque). — III, ch. 73-100.

XVIIe siècle. Écriture bengalie. I. 245 olles de 780 X 85 mm., 4 à 5 l. à 3 col., 74 à 95 akṣ. II. 53 olles de 500 X 60 mm., 4 à 6 l., 60 à 80 akṣ. III. 123 olles de 565 X 55 mm., 4 à 5 l., 80 à 90 akṣ. (Sanscrit Bengali 5-7.)

424

Kṛṣṇārpaṇa (?).

XVIIIe siècle. Écriture telinga. 255 olles de 370 X 30 mm., 6 à 7 l., 40 à 45 akṣ. (Sanscrit Telinga 4.)

425

Kriyāyogasāra.

Supplément du *Padmapurāṇa.*

XVIIIe siècle. Écriture bengalie, 307 olles de 460 × 38 mm., 3 à 5 l., 2 col., 55 à 65 akṣ. (Sanscrit Bengali 128.)

426

Gaṇeçakavaca, extrait du *Brahmavaivartapurāṇa.*

XVIIIe siècle. Écriture nāgarī. Papier indien, 155 × 105 mm., 70 pages, 7 l., 12 à 15 akṣ. Rel. veau. (Sanscrit Dév. 34.)

427

Garuḍapurāṇa (Pretakhaṇḍa).

XVIIIe siècle? Écriture kāçmīrī. Écorce de bouleau, 170 × 130 mm. 254 pages, 12 l., 15 à 17 akṣ. D.-rel. (Sanscrit Dév. 353.)

428

Garuḍapurāṇa.

XVIIIe siècle. Écriture nagra. 61 olles de 435 × 35 mm., 7 l., 45 à 55 akṣ. (Sanscrit Nagra 4.)

429

Gāyatrīsahasranāma.

1. *Gāyatrīsahasranāma*, fol. 1-6. — 2. *Kṛṣṇastotra, Çiva stotra*, fol. 7-8. — 3. *Kālīstotra*, fol. 9-10. — 4. *Kālīsahasranāma*, fol. 18-23. — 5. *Gurukavaca*, fol. 24. — 6. *Gurustavarāja*, fol. 25. — 7. *Gurugītā*, fol. 26-31. — 8. *Gurugītāstotra*, fol. 32-38. — 9. *Gurustotra* (2 textes), fol. 39 et 44. — 10. *Mahāpuraçcaraṇaprayoga*, fol. 40-42. — 11. *Caṇḍīkavaca* (2 textes), fol. 43 et 45. — 12. *Kaṇḍalīçaktistotra, Aparādhabhañjanastotra*, fol. 46. — 13. *Gaṇeçanāmadvādaçastotra*, fol. 47. — 14. *Yonistavarāja*, fol. 48. — 15. *Sūryakavaca*, fol. 49. — 16. *Pratyangirastotra* (2 textes), fol. 50-54-56. — *Çmaçānakālīkavaca*, fol. 57. — 18. *Ādityahṛdaya*, fol. 58-70.

— 19. *Gāyatrīstotra*, fol. 71-74. — 20. *Aparājitā*, fol. 75-78. — 21. *Puruṣasūkta*, fol. 79. — 22. *Nṛsiṃhakavaca*, fol. 80. — 23. *Aparājitāstotra*, fol. 81. — 24. *Vaṃçabālhākhyakavaca*, fol. 82-83. *Vijayāparājitāstotra*, id. — 25. *Gaṅgāstotra*, fol. 84. — 26. *Annapūrṇāstotra*, fol. 85. — 27. *Çanaiçcarastotra*, fol. 86. — 28. *Tarpaṇaprayoga*, fol. 87. — 29. *Balidānavidhi-Homapaddhati*, fol. 88-90. — 30. *Gopālasahasranāma*, fol. 91-104. — 31. *Rahasyapuraçcaraṇavidhi*, fol. 105-106. — 32. *Sādhanapañcaka*, fol. 107. — 33. *Pīṭhaçaktinirṇaya*, fol. 108. — 34. *Durgānāmamāhātmya*, fol. 109-110. — 35. *Kālīmukhīkavaça*, fol. 111-114.)

XVIIIe et XIXe siècles. Écriture bengalie. Papier indien et européen 300 à 480 × 70 à 100 mm., 250 pages, 4 à 12 l., 20 à 60 akṣ. D.-rel. (Sanscrit Bengali 227.)

430

Gītāmāhātmyā.

XVIIIe siècle ? Écriture kāçmīrī. Papier indien, 140 × 180 m., 112 pages 14 à 15 l., 16 à 20 akṣ. D.-rel. (Sanscrit Dév. 294. — Senart, 17.)

431

I. *Gosāvitrīstotra.*

II. *Nārāyaṇahṛdayastotra.*

III. *Vairāgyaçataka*, par Appaya Dīkṣita.

IV. *Stotras* (Fragments de).

XVIIIe siècle. Écriture nagra. 37 olles de 420 × 40 mm., 6 à 7 l., 40 à 55 akṣ. (Sanscrit Nagra 20).

432

Granthamālikastotra et plusieurs fragments, dont un de l'*Açvaghnavivāha* (?).

XVIIIe siècle. Écriture nagra. 57 olles de 260 à 355 × 30 mm., 5 à 7 l., 25 à 40 akṣ. (Sanscrit Nagra 18.)

433

Citrakūṭa māhātmya.

XIXe siècle. Ecriture nagari. Papier indien, 325 × 150 mm., 53 pages, 12 à 13 l., 42 à 45 akṣ. D.-rel. (Burnouf, 33.)

434

Jvālāmukhī sahasranāma.

XIXe siècle. Ecriture nāgarī. Papier indien, 145 × 75 mm., 126 pages, 7 l., 18 à 20 akṣ. 5 miniatures. D.-rel. (Sanscrit Dév. 9.)

435

Tīrthakāṇḍa.

Extrait du *Kalpataru* de Lakṣmīdhara, et 16 chapitres du *Liṅgapurāṇa.*

XVIIe siècle. Ecriture bengalie, 115 olles de 360 × 50 mm., 5 l., 40 à 45 akṣ. (Sanscrit Bengali 1.)

436

Tulākāverīmāhātmya.

Portion de l'*Agnipurāṇa,* s'arrêtant au milieu du 28e adhyāya. — Ms. en mauvais état.

XVIIe siècle. Écriture grantha. 205 olles de 400 × 30 mm., 5 à 7 l., 50 à 55 akṣ. (Sanscrit Grantha 50.)

437

I. *Durgāpūjā.*

II. *Durgotsavatattva.*

Extraits du *Mārkaṇḍeyapurāṇa.*

XVIIIe siècle. Écriture bengalie. Papier indien, 370 × 90 mm., 136 pages, 5 l., 35 à 40 akṣ. Rel. veau. (Sanscrit Bengali 133.)

438

Devīmāhātmya.

Extrait du *Mārkaṇḍeyapuraṇa.*

XVIIIe siècle. Écriture nāgarī. Papier indien, 240 × 95 mm., 142 pages, 5 l., 28 à 38 akṣ. Rel. veau. (Sanscrit Dév. 27.)

439

Devīmāhātmya.

XVIIe siècle. Écriture nāgarī. Papier indien, 293 × 115 mm., 100 pages, 7 l., 38 à 42 akṣ. Rel. veau. (Sanscrit Dév. 27 *bis*.)

440

I. *Devīmāhātmya* du *Mārkaṇḍeyapurāṇa.*

II. *Brahmāṇḍapurāṇa.* — Fragment.

1623. Écriture bengalie. 67 olles de 240 × 39 mm., 4 l., 30 à 40 akṣ. (Sanscrit Bengali 48.)

441

Devīmāhātmya.

Ms. en mauvais état.

XVIIIe siècle. Écriture telinga. 125 olles de 390 × 40 mm., 6 l., 30 à 35 akṣ. (Sanscrit Telinga 43.)

442

I. *Devīstotra*, °*kavaca*, etc.

II. *Devīmāhātmya*, extrait du *Mārkaṇḍeyapurāṇa.*

XVIIIe siècle. Écriture nāgarī. Papier indien, 139 × 77 mm., 177 pages, 7 l., 15 à 20 akṣ. D.-rel. (Sanscrit Dév. 26.)

443

I. *Dharaṇīvarāhasaṃvāda*, 3e chapitre de la *Varāhasaṃhitā.*

II. *Bhāratasāvitrī.*

III. *Çālagrāmamāhātmya.* (Extrait du *Vedavedāntatattvasāra.*)

1654 ? Écriture bengalie. Papier indien, 396 × 182 mm., 37 + 5 pages, 7 l., 55 à 60 akṣ. D.-rel. (Sanscrit Bengali 95 [papier].)

444

Narasiṃhapurāṇa ou *Nṛsiṃha°*.

1679. Écriture bengalie. 102 olles de 680 × 40 mm., 4 l., 3 col., 100 à 110 akṣ. (Sanscrit Bengali 11.)

445

Nāradīyapurāṇa ou *Bṛhannāradapurāṇa*.

XVIIIe siècle? Écriture bengalie. Papier indien, 370 × 75 mm., 354 pages, 6 l., 50 à 60 akṣ. D.-rel. (Sanscrit Bengali 19.)

446

Nāsaketupurāṇa.

1775-6. Écriture nāgarī. Papier indien, 152 × 115 mm., 200 pages, 10 l., 15 à 18 akṣ. D.-rel. (Sanscrit Dév. 421. — Senart, 26).

447

Nīlamatapurāṇa.

XIXe siècle. Écriture nāgarī. Papier indien, 265 × 170 mm., 9 l., 24 à 26 akṣ. D.-rel. (Sanscrit Dév. 280.)

448

I. *Nṛsiṃhastuti*, par Trivikrama Paṇḍita. — Fragment.
II. *Çivastuti.*.
III. *Çivastotra* (?).

XVIIIe siècle. Ecriture nagra. 42 olles de 340 × 30 mm., 5 à 7 l., 30 à 40 akṣ. (Sanscrit Nagra 11.)

449

I. *Nyāsatilaka.*
II. *Tattvatraya.*
III. *Manodūtikā.*

XIXe siècle. Écriture nāgarī. Papier indien, 205 × 160 mm., 81 pages, 11 à 12 l., 24 à 27 akṣ. D.-rel. (Sanscrit Dév. 253.)

450

Bhūmikhaṇḍa du *Padmapurāṇa*.

Manque l'olle 3.

1681. Ecriture bengalie. 201 olles de 780 × 50 mm., 5 l., 3 col., 85 à 110 akṣ. (Sanscrit Bengali 16.)

451

Stotra (Fragment de).

XVIIIe siècle. Ecriture grantha. 37 olles de 245 × 35 mm., 7 à 8 l., 30 à 35 akṣ. (Sanscrit Grantha 56.)

452

Purāṇas (Fragments de divers).

XVIIIe siècle. Ecriture nagra. 52 olles de 300 × 30 mm., 4 à 6 l., 30 à 40 akṣ. (Sanscrit Nagra 5.)

453

Purāṇasarvasva?

Fragment en très mauvais état.

XVIIIe siècle? Ecriture grantha. 179 olles de 330 × 38 mm., 5 l., 60 à 65 akṣ. (Sanscrit Grantha, 80.)

454

Puruṣottamamāhātmya.

1703. Écriture nāgarī. Papier indien, 248 × 150 mm., 158 pages, 11 l., 26 à 28 akṣ. D.-rel. (Sanscrit Dév. 251. — Ch. d'Ochoa.)

455

Puṣkaramāhātmya. Sṛṣṭikhaṇḍa (ch. 21) du *Padmapurāṇa*.

XVIIIe siècle. Écriture nāgarī. Papier indien, 253 × 155 mm., 169 pages. 14 l., 36 à 38 akṣ. D.-r. (Sanscrit Dév. 250. — Ch. d'Ochoa.)

456

Brahmapurāṇa.

Dernière section de la première partie.

XVIIe siècle. Ecriture bengalie. 151 olles de 530 × 50 mm., 3 à 4 l., 60 à 80 akṣ. (Sanscrit Bengali 24.)

457

Uttarakāṇḍa du *Brahmapurāṇa.*

XVIIIe siècle. Écriture telinga. 101 olles de 370 × 30 mm., 5 à 7 l., 40 à 45 akṣ. (Sanscrit Telinga 17.)

458

I. *Brahmāṇḍapurāṇa.*

Fragment.

II. *Bhāgavatapurāṇa.*

10e skhanda.

XVIIIe siècle. Écriture telinga. 27 olles de 470 × 37 mm., 5 à 6 l., 70 à 75 akṣ. (Sanscrit Telinga 41.)

459

Brahmāṇḍapurāṇa, Maheçvara nārada samvāda.

Adhyāhas 1-10.

XVIIe siècle. Écriture grantha. 53 olles de 245 × 30 mm., 6 l., 30 à 40 akṣ. (Sanscrit Grantha 48.)

460

I. *Brahmāṇḍapurāṇa.* — Fragment.

II. *Skandapurāṇa.* — Fragment.

XVIIIe siècle? Écriture grantha. 242 olles de 380 × 30 mm., 5 l., 50 à 55 akṣ. (Sanscrit Grantha 49.)

461-462

Brahmavaivartapurāṇa.

1. *Brahmakhaṇḍa* (fol. 1-59). — 2. *Prakṛtikhaṇḍa* (fol. 1-170). — 3. *Gaṇapatikhaṇḍa* (fol. 1-73). — 4. *Kṛṣṇakhaṇḍa* (fol. 1-104).

1748. Écriture bengalie. Papier indien, 360 × 115 à 125 mm., 455 et 352 pages, 8 à 10 l., 50 à 60 akṣ. D.-rel. (Sanscrit Bengali 8 et 8 *bis*).

463-475

Bhāgavatapurāṇa. — Histoire poétique de Kṛṣṇa, avec le commentaire de Çrīdhara-svāmin.

12 skandhas en 13 volumes.

1839-1840. Belle écriture nāgarī, en gros et petits caractères. Papier indien, 400 × 200 mm., I, 1, 108 pages, 9 à 10 l., 36 à 51 akṣ. II, 2, 116 pages, 9 ou 10 l., 36 à 51 akṣ. III, 3, 322 pages, 8 à 11 l., 36 à 51 akṣ. IV, 4, 314 pages, 9 à 10 l., 36 à 51 akṣ. V, 5, 230 pages, 9 à 10 l., 36 à 51 akṣ. VI, 6, 206 pages, 9 à 10 l., 36 à 51 akṣ. VII, 7, 212 pages, 9 à 10 l., 36 à 51 akṣ. VIII, 8, 169 pages, 8 à 11 l., 36 à 51 akṣ. IX, 9, 153 pages, 9 à 10 l., 36 à 51 akṣ. X, 10 *a*, ch. 1-49, 424 pages, 9 à 11 l., 36 à 51 akṣ. X, 10 *b*, ch. 50-90, 359 pages, 9 à 11 l., 36 à 51 akṣ. XI, 11, 410 pages, 9 à 10 l., 36 à 51 akṣ. XII, 12, 116 pages, 9 à 10 l., 36 à 51 akṣ. D.-rel. (Burnouf, 30.)

476

Bhāgavatapurāṇa.

Livres I à V.

1742. Écriture nāgarī. Papier indien, 340 × 130 mm., 393 pages, 10 à 12 l., 42 à 52 akṣ. D.-rel. (Sanscrit Dév. 1.)

477

Bhāgavatapurāṇa.

1793. Écriture nāgarī microscopique. Papier indien. Rouleau de 17 mètres 90 cm. × 98 mm., env. 8000 l., 60 à 70 akṣ. 82 grandes miniatures et 12 petites. (Sanscrit Dév. 1 A.)

478

Bhāgavatapurāṇa.

Livres VI-XII. A partir de la p. 395, 11 pages d'un texte différent.

1472. Écriture nāgarī. Papier indien, 340 × 130 mm., 412 pages, 10 à 12 l., 46 à 50 akṣ. D.-rel. (Sanscrit. Dév. 1 *bis*.)

479

Bhāgavatapurāṇa.

XVIIIe siècle. Écriture nāgarī. Papier indien. Rouleau de 23 mètres × 125 mm., env. 12500 l., 60 à 70 akṣ. 50 grandes miniatures; 29 petites. (Sanscrit. Dév. 61.)

480

Bhāgavatapurāṇa, avec le commentaire de Çrīdharasvāmin.

Skandhas I à IX; manque le VIIIe.

XVIIIe siècle? Écriture bengalie. Papier indien, 440 × 145 mm., 570 pages, 5 à 22 l., 60 à 100 akṣ. D.-rel. (Sanscrit Bengali 151.)

481

Bhāgavatapurāṇa.

Skandhas X-XII.

XVIIIe siècle? Écriture bengalie. Papier indien, 420 × 140 mm., 537 pages, 6 à 20 l., 55 à 100 akṣ. D.-rel. (Sanscrit Bengali 152.)

482

Bhāgavatapurāṇa.

8e livre.

XVIIIe siècle. Écriture bengalie. Papier indien, 430 × 137 mm., 64 pages, 8 à 18 l., 55 à 65 akṣ. D.-rel. (Sanscrit Bengali, 312. — Burnouf.)

483

Bhāgavatapurāṇa

Fragment, numéroté fol. 29-87.

XVIIIe siècle. Écriture grantha. 34 olles de 385 × 45 mm., 11 l., 60 à 65 akṣ. (Sanscrit Grantha 100.)

484

Bhāgavatapurāṇa.

Fragment.

XVIIIe siècle. Écriture nagra. 32 olles de 356 à 420 × 25 à 38 mm., 8 l., 55 à 65 akṣ. (Sanscrit Nagra 2.)

485

I. *Bhāgavatapurāṇa* (8e kāṇḍa, 4e adh.).
II. *Çrīkṛṣṇārpaṇa.* — Fragment d'une olle.
III. *Stotra* (Fragment de).
IV. *Hayagrīvadaṇḍaka,* par Konerācārya.

XVIIIe siècle. Écriture nagra. 17 olles de 460 × 30 mm., 5 l., 40 à 50 akṣ. (Sanscrit Nagra 3.)

486

Bhāgavatapurāṇa

Fragment.

XVIIIe siècle. Écriture nagra. 122 olles de 490 × 55 mm., 9 à 10 l., 35 à 45 akṣ. (Sanscrit Nagra 34.)

487

Bhāgavatapurāṇa.

XVIIIe siècle. Écriture telinga. 327 olles de 400 × 39 mm., 7 à 9 l., 65 à 75 akṣ. (Sanscrit Telinga 11.)

488

Bhāgavatapurāṇa.

Skandhas 1-7.

XVIIe siècle. Écriture telinga. 231 olles de 263 × 52 mm., 7 à 12 l., 30 à 40 akṣ. (Sanscrit Telinga 42.)

489

Matsyapurāṇa.

XVIIIe siècle ? Écriture bengalie. Papier indien, 525 × 105 mm., 718 p., 6 à 9 l., 60 à 70 akṣ. D. rel. (Sanscrit Bengali 18.)

490

Mahimnaḥstava, avec le commentaire de Madhusūdana Sarasvatī.

XVIIIe siècle ? Écriture kāçmīrī. Papier indien, 215 × 235 mm., 38 pages, 20 à 23 l., 24 à 28 akṣ. D.-rel. (Sanscrit Dév. 355.)

491

Mahimnaḥstava, par Puṣpadanta.

XIXe siècle. Écriture nāgarī (argent sur fond noir). Papier indien, 167 × 110 mm., 20 pages, 7 l., 18 à 24 akṣ. Rel. maroquin (Sanscrit Dév. 301.)

492

Mārkaṇḍeyapurāṇa.

XVIIIe siècle ? Écriture bengalie. Papier indien, 500 à 555 mm. × 60 à 80 mm., 461 pages, à 3 col. 6 l., 55 à 65 akṣ. D.-rel. (Sanscrit Bengali 17.)

493

Rāma sahasra nāma. — Stotra extrait du *Brahmarahasya puraṇa.*

1704. Écriture nāgarī. Papier indien, 220 × 78 mm., 18 pages, 7 l., 28 à 32 akṣ. Rel. veau. (Sanscrit Dév. 5.)

494

Rudra yāmala tantra (Extrait du).

a) *Rudrayāmala kavaca*, fol. 1-13; b) *Baṭuka-Bhairava-sahasranāma*, fol. 17-71; c) *B° Bh° stotra*, fol. 71-102; d) *B° āpaduddharaṇa-paṭala*, fol. 102-164; e) *Āpaduddhāraṇa-paddhati*, fol. 164-210.

XVIIIe siècle. Écriture nāgarī. Papier indien, 73 × 52 mm., 419 pages, 5 l., 9 à 11 akṣ. D.-rel. (Sanscrit Dév. 14.)

495-496

Vāyupurāṇa.

I, fol. 1-188 *bis*.
II, fol. 189-357.

XVIIIe siècle. Écriture bengalie. Papier indien, 442 à 480 × 75 à 85 mm., 375 et 327 pages, 6 à 7 l., 65 à 75 akṣ. D.-rel. (Sanscrit Bengali, 9[1-2].)

497

I. *Virūpākṣapañcāçikā.*
II. *Çivakaulādikṛtaçlokasaṅgraha.*
III. *Çivasūtravimarçinī.*

XVIIIe siècle? Écriture kāçmīrī. Papier indien, 270 × 150 mm., 5 pages, 16 l., 34 à 36 akṣ. D.-rel. (Sanscrit Dév. 406-408.)

498

Viṣṇupurāṇa.

XVIIIe siècle? Écriture bengalie. Papier indien, 410 × 30 mm., 653 p., 4 à 6 l., 50 à 60 akṣ. D.-rel. (Sanscrit Bengali 12.)

499

Viṣṇupurāṇa.

Fragment.

XVIIe siècle. Écriture bengalie. 8 olles de 860 × 40 mm., 4 l., 3 col. 130 à 145 akṣ. (Sanscrit Bengali 13 B.)

500

Viṣṇupurāṇa.

Fragment.

XVIIe siècle? Écriture grantha. 45 olles de 365 × 42 mm., 11 l., 90 à 110 akṣ. (Sanscrit Grantha 101.)

501

Viṣṇusahasranāmastotra.

XVIIIe siècle. Écriture grantha. 15 olles de 400 × 32 mm., 5 à 6 l., 55 à 60 akṣ. (Sanscrit Grantha 102.)

502

Çivakavaca et plusieurs stotras lithographiés.

Titre au dos : *Liturgie brahmanique*, **1844**, C. D'O[choa].

XIXe siècle. Écriture nāgarī. Papier indien, 150 × 91 mm., 24 p., 8 l., 10 à 15 akṣ. (Sanscrit Dév. 258. — D'Ochoa.)

503

Çivapurāṇa, 2e partie.

XIXe siècle. Écriture bengalie. Papier indien, 450 × 92 mm., 211 pages, 6 à 7 l., 60 à 72 akṣ. D.-rel. (Sanscrit Bengali 14.)

504

Çivaviṣṇusahasranāmavyākhyāna.

XVIIIe siècle. Écriture telinga. 73 olles de 385 × 32 mm., 4 à 6 l., 40 à 45 akṣ. (Sanscrit Telinga 29.)

505

I-II. *Çivastotra.*

III. *Çiṣyasaṃskāra.*

XVIIIe siècle? Écriture kāçmīrī. Papier indien, 300 × 120 mm., 22 pages, 10 l., 44 à 50 akṣ. D.-rel. (Sanscrit Dév. 409-411.)

506

Çivānandalaharīstotra.

XVIIe siècle. Écriture telinga. 36 olles de 200 × 50 mm., 10 à 12 l., 25 à 30 akṣ. (Sanscrit Telinga 48.)

507

Çoṇīpuramāhātmya.

Extrait du *Padmapurāṇa.*

XIXe siècle. Écriture grantha. 16 olles de 385 × 30 mm., 6 à 7 l., 60 à 70 akṣ. (Sanscrit Grantha 16.)

508

Çrīrāmaprasava (?).

XVIIIe siècle. Écriture nagra. 15 olles de 300 × 35 mm., 6 à 7 l., 45 à 55 akṣ. (Sanscrit Nagra 8.)

509

I. *Çrīvaṭukabhairava nāma sahasranāma stotra.*

II. *Rasarāja*, par Sukavinatirāna.

III. *Rāmarakṣastotra*, par Viçvāmitra.

1748-1749. Écriture nāgarī. Papier indien, 140 × 113 mm., 255 pages, 9 l., 16 à 18 akṣ. D.-rel. (Sanscrit Dév. 12.)

510

Saṃdhyāvidhi.

(Fol. 17-23). — Incomplet.

XVIIIe siècle. Écriture bengalie. 7 olles de 346 × 36 mm., 3 à 4 l., 45 à 55 akṣ. (Sanscrit Bengali 95.)

511

Sanatkumārapulastyasaṃvāda.

Extrait du *Brahmāṇḍapurāṇa.*

XVIIIe siècle. Écriture bengalie. 25 olles de 395 × 35 mm., 4 l., 65 à 70 akṣ. (Sanscrit Bengali 94.)

512

Devīmāhātmya.

1833. Écriture nāgarī. Papier européen, 158 × 100 mm., 219 pages, 7 l., 23 à 25 akṣ. D.-rel. (Sanscrit Dév. 255. — Ch. d'Ochoa.)

513

Sāvitrī-vrata ou *Vaṭa-sāvitrī°*, extrait du *Skandapurāṇa*.

XVIIIe siècle. Écriture nāgarī. Papier indien, 216 × 78 mm., 28 pages, 10 à 11 l., 30 à 33 akṣ. Rel. veau. (Sanscrit Dév. 30.)

514

Sītastotra (?).

XVIIIe siècle. Écriture nagra. 81 olles de 180 × 37 mm., 6 à 7 l., 25 à 30 akṣ. (Sanscrit Nagra 36.)

515

I. *Sūryavinirgata-stavarāja.*

II. *Gaṅgāṣṭaka.*

1813-14. Écriture nāgarī. Papier indien, 157 × 75 mm., 9 pages, 26 à 30 akṣ. (Sanscrit Dév. 302.)

516

Setumāhātmya.

Note de la main de Burnouf. « La Grandeur du pont; recueil de traditions relatives à l'extrémité de la presqu'île indienne, ms. ancien et curieux... »

XVIIe siècle? Écriture telinga. 84 olles de 478 × 38 mm., 7 à 8 l., 40 à 50 akṣ. (Sanscrit Telinga 40. — Burnouf, 72.)

517

Skandapurāṇa (Fragment du).

Ms. en très mauvais état.

XVIIIe siècle? Écriture grantha. 108 olles de 330 à 350 × 30 mm., 5 à 7 l., 50 à 60 akṣ. (Sanscrit Grantha 52.)

518

Stotrasaṃgraha.

XVIIIe siècle? Écriture kāçmīrī. Papier indien. 170 × 93 mm., 192 pages, 6 à 7 l., 11 à 22 akṣ. D.-rel. (Sanscrit Dév. 414. — Senart, 37.)

519

Stotras et *Kavacas* divers.

Ms. très dégradé.

XVIIIe siècle. Écriture grantha. 36 olles de 238 à 245 × 25 à 37 mm., 7 à 8 l., 25 à 30 akṣ. (Sanscrit Grantha 57.)

520

Stotras, par Vedavyāsa (?)

Trois fragments. — Peut-être l'*Annapūrṇāstotra?*

XVIIIe siècle. Écriture nagra. 42 olles de 395 × 38 mm., 5 à 8 l., 45 à 55 akṣ. (Sanscrit Nagra 9 *a*, *b*, *c*.)

521

Haritālikāvratakathā.

Extrait du *Skandapurāṇa.*

XVIIe siècle? Écriture nāgarī. Papier indien, 217 × 75 mm., 24 pages, 28 à 32 akṣ. Rel. veau. (Sanscrit Dév. 22.)

522

Hālāsyamāhātmya.

Extrait du *Shandapurāṇa.* 1er Adhyāya.

XVIIIe siècle. Écriture grantha. 234 olles de 350 × 35 mm., 9 l., 50 à 60 akṣ. (Sanscrit Grantha 15.)

523

Prières à Brahmā, Viṣṇu, Çiva et Subrāhmaṇya.

Fragment, suivi de 12 olles en tamoul.

XIXe siècle. Écriture grantha. 5 olles de 370 × 40 mm., 20 à 35 akṣ. (Sanscrit Grantha 22.)

524

Kakṣāpuṭa, par Siddha Nāgārjuna.

XVIIIe siècle. Écriture nāgarī. Papier indien, 225 × 120 mm., 132 pages, 12 à 13 l., 32 à 34 akṣ. D.-rel. (Sanscrit Dév. 252. — Ch. d'Ochoa.)

525

Kāmaratna, par Çrīnātha Bhaṭṭa.

XIXe siècle. Écriture nāgarī. Papier européen, 200 × 100 mm., 303 pages, 4 à 8 l., 22 à 32 akṣ. D.-rel. (Sanscrit Dév. 256. — Ch. d'Ochoa.)

526

Kulapradīpa, par Çivānandācārya.

XVIIIe siècle. Écriture nāgarī. Papier indien, 160 × 80 mm., 248 pages, 8 l., 22 à 25 akṣ. 2 miniatures. D.-rel. (Sanscrit Dév. 31.)

527

Kulārṇava tantra.

A la fin table des chapitres.

XIXe siècle. Écriture nāgarī. Papier indien, 195 × 105 mm., 215 pages 11 l., 26 à 30 akṣ. (Sanscrit Dév. 13.)

528

Kramadīpikā, par Keçava Ācārya.

1610. Écriture bengalie. 53 olles de 425 × 40 mm., 4 l., 2 col., 60 à 65 akṣ. (Sanscrit Bengali 153.)

529

I. *Gaṅgāvākyāvalī*.
II. *Jarācikitsā* ou *Jarādicikitsā*.
III. *Pratyaṅgirāprayoga*.
IV. *Mūḍhaviḍambana*.
V. *Vagalāmukhīkavaca*.

Extrait du *Rudrayāmalatantra*.

VI. *Vidagdhamukhamaṇḍana*, par Dharmadāsa.
VII. *Vairāgyaçataka*, par Appaya Dīkṣita.
VIII. *Çyāmākavaca*. Extrait du *Bhairavatantra*.
IX. *Çrīguṇasahasranāma*.
X. *Haribhaktivilāsa*, par Gopāla Bhaṭṭa.

XIXe siècle. Écriture bengalie. Papier européen, 370 à 440 × 140 mm., 150 pages, 11 à 12 l., 50 à 60 akṣ. D.-rel. (Sanscrit Bengali 226.)

530

Gaṇeçapañcāṅga.

Extrait du *Rudrayāmalatantra*. — 1. *Paṭala*, fol. 1-16; *Pūjā-paddhati*, fol. 16-38 ; 3. *Kavaca*, fol. 38-45 ; 4. *Sahasranāma*, fol. 46-77 ; 5. *Stotra*, fol. 77-85.

XVIIIe siècle. Écriture nāgarī. Papier indien, 120 × 70 mm., 160 pages 6 l., 12 à 15 akṣ. Rel. veau. (Sanscrit Dév. 16.)

531

Chinnamastā-pañcāṅga.

Extrait du *Rudrayāmalatantra*. — 1. *Paṭala*, fol. 1-5 ; 2. *Pūjā-paddhati*, fol. 5-24 ; 3. *Kavaca*, fol. 24-31 ; 4. *Sahasranāma*, fol. 31-64 ; 5. *Stotra*, fol. 64-69.

XVIIIe siècle. Écriture nāgarī. Papier indien, 116 × 65 mm., 134 pages, 6 l., 15 à 18 akṣ. Rel. veau. (Sanscrit Dév. 15.)

532

Tantrasāra, par Kṛṣṇānanda Vāgīça, revu par Amṛtānanda.

1653. Écriture bengalie. Papier indien, 430 × 110 mm., 404 pages, 8 à 10 l., 42 à 46 akṣ. D.-rel. (Sanscrit Bengali 132.)

533

Tantrasāra (?)

Fragment.

XIXe siècle. Écriture bengalie. Papier indien, 480 × 105 mm., 42 pages, 8 à 9 l., 55 à 65 akṣ. D.-rel. (Sanscrit Bengali 244.)

534

Tantra? Ms. presque effacé.

XVIIe siècle. Écriture bengalie. 30 olles de 155 × 25 mm., 4 l., 25 à 28 akṣ. (Sanscrit Bengali 244 *bis*.)

535

Tripurāsārasamuccaya-ṭīkā, par Nāgabhaṭṭa.

Paṭalas I-VII et VIII, 1-23.

XIXe siècle. Écriture népalaise. Papier indien, 235 × 90 mm., 206 pages, 5 à 6 l., 27 à 30 akṣ D.-rel. (Burnouf, 129.)

536

Bhaktiçāstra?

Extraits de divers ouvrages en l'honneur de Viṣṇu.

XVIIe siècle. Écriture bengalie. 84 olles de 380 × 33 mm., 4 l., 50 à 60 akṣ. (Sanscrit Bengali 154.)

537

Bhairavastotra.

Extrait du *Rudrayāmalatantra*.

XVIIIe siècle. Écriture kāçmīrī. Papier indien, 175 × 240 mm., 16 pages, 15 l., 24 à 28 akṣ. D.-rel. (Sanscrit Dév. 354.)

538

Rudrayāmalatantra (Extraits).

1. *Ādyābhavānī pañcamāṅgapaṭala*, fol. 1-17. — 2. *A° bh° pūjā-paddhati*, fol. 1-53. — 3. *Ā° bh° kavaca*, fol. 57-60. — *Ā° bh nāmasahasra*, fol. 60 v°-101 v°. — *Ā° bh° stotra*, fol. 102-108.

XIXe siècle. Écriture nāgarī. Papier indien, 124 × 78 mm., 215 pages, 6 l., 14 à 17 akṣ. D.-rel. (Sanscrit Dév. 11.)

539

Çāradātilaka, par Lakṣmaṇācārya.

XVIIe siècle. Écriture bengalie. 94 olles de 395 × 35 mm., 3 l., 60 à 70 akṣ. (Sanscrit Bengali 137 B.)

540

Saṃdarbhagrantha.

Compilation en l'honneur de Kṛṣṇa, formée d'extraits d'un grand nombre d'ouvrages.

XVIIIe siècle? Écriture bengalie. Papier indien, 350 × 80 mm., 369 p., 5 l., 35 à 45 akṣ. D.-rel. (Sanscrit Bengali 166).

541

Aṣṭādhyāyī, de Pāṇini.

XIXe siècle. Écriture nāgarī. Papier européen, 210 × 155 mm., 99 pages env. 10 l., 24 à 34 akṣ. D.-rel. (Burnouf, 43.)

542

Aṣṭādhyāyī, de Pāṇini.

XVIIe siècle? Écriture grantha. 133 olles de 880 × 30 mm, 4 l., 60 à 70 akṣ. (Sanscrit Grantha 115.)

543

Ākhyātakriyā.

Chapitre de la *Sarasvatī prakriyā*, grammaire d'Anubhūtisvarūpa.

XVIIe siècle. Écriture nāgarī. Papier indien, 235 × 138 mm., 149 pages, 9 à 11 l., 25 à 28 akṣ. D.-rel. (Sanscrit Dév. 213.)

544

Ākhyātaprakriyā.

Incomplet.

XVIIe siècle. Écriture nāgarī. Papier indien, 250 × 170 mm., 97 pages, 14 à 16 l., 25 à 35 akṣ. D.-rel. (Sanscrit Dév. 214.)

545

I. *Upadeçaratnamālā.*
II. *Upadeçamālāprakaraṇa.*

III. *Bhavavairāgyaçataka.*
IV. *Subhāṣitaçlokasaṃgraha.*

Incomplet.

XVIIIe siècle. Écriture nāgarī. Papier indien, 260 × 110 mm., 115 pages, 12 l., 38 à 58 akṣ D.-rel. (Sanscrit Dév. 448-451.)

546

Upalekha.

XIXe siècle. Écriture nāgarī. Papier européen, 200 × 100 mm. 61 pages, 7 l., 21 à 23 akṣ. D.-rel. (Burnouf, 46.)

547

Kāvyacandrikā, par Kavicandra.

La suite se trouve au fol. 23 du manuscrit 548.

XVIIIe siècle. Écriture bengalie. Papier indien, 340 × 60 mm., 44 p., 5 l., 50 à 60 akṣ. Demi-rel. (Sanscrit Bengali 78 B.)

548

I. *Jalāçayotsargatattva*, par Raghunandana.
II. Fol. 23 : *Kāvyacandrikā.*

Suite et fin du manuscrit précédent.

1730. Écriture bengalie. Papier indien, 340 × 60 mm., 41 pages, l., 50 à 55 akṣ. D.-rel. (Sanscrit Bengali 167.)

549

I. *Kavikalpadruma*, par Vopadeva.
II. *Amarābhidhāna.*
III. *Saṃkṣiptasāraṭīkā*, par Gopīcandra.

Commentaire sur la grammaire de Kramadīçvara.

XVIIIe siècle. Écriture bengalie. Papier indien, 335 à 360 × 80 mm., 406 pages, 5 l., 40 à 50 akṣ. D.-rel. (Sanscrit Bengali 238.)

550

Kavikalpadruma dhātupāṭha, par Vopadeva.

XVIIIe siècle. Écriture bengalie. Papier indien, 350 × 90 mm., 76 pages, 4 l., 35 à 40 akṣ. D.-rel. (Sanscrit Bengali 105.)

551

I. *Kavikalpalatā* avec son commentaire *Kāvyakāmadhenu*, par Vopadeva.

II. « *Grammatica sanscritica*, cui adjunctum est Dictionarium sanscriticum *Amarakocha* inscriptum, latinè partim interpretatum autore incerto. Voces sanscriticæ litteris bengalicis (non devanagaricis) exaratae sunt. »

III. (Arrangement de l') *Amarakoça* d'Amarasiṃha.

Les mots sanscrits, extraits des vers de l'*Amarakoça* et pris isolément un à un, dont quelques-uns sont accompagnés d'une traduction latine, ont été disposés en deux colonnes.

IV. *Cāṇakyasārasaṃgraha*.

En trois çatakas.

1730. Écriture bengalie. Papier européen, 240 × 365 mm., 469 pages, 11 à 17 l., 25 à 35 akṣ. Rel. mar. (Sanscrit Bengali 179.)

552

Kavirahasya, par Halāyudha.

XIXe siècle.? Écriture bengalie. Papier indien, 330 × 80 mm., 24 pages, 6 à 8 l., 50 à 60 akṣ. Rel. veau. (Sanscrit Bengali 82.)

553

Kātantravṛtti, par Durgasiṃha.

Commentaire sur le *Kātantrasūtra*.

XIXe siècle? Écriture bengalie. Papier indien, 415 × 65 mm., 365 pages, 5 l., 48 à 60 akṣ. D.-rel. (Sanscrit Bengali 56.)

554

Kātantravṛttiṭīkā, par Durgasiṃha.

2e partie : le Nom.

1519. Écriture bengalie. 175 olles de 370 × 56 mm., 6 l., 75 à 85 akṣ. (Sanscrit Bengali 57.)

555

Kātantravṛttiṭīkā, par Durgasiṃha.

2e partie : le Nom. — Les trois premiers pādas.

XVIIIe siècle. Écriture bengalie. 75 olles de 430 × 35 mm., 4 à 5 l., 45 à 55 akṣ. (Sanscrit Bengali 59.)

556

Kātantravrttiṭīkā, par Durgasiṃha.

Incomplet.

XIXe siècle? Écriture bengalie. Papier indien, 370 × 70 mm., 312 pages, 7 à 8 l., 35 à 50 akṣ. D.-rel. (Sanscrit Bengali 60.)

557

Kātantravṛttiṭīkā, par Durgasiṃha.

2e partie : le Nom. — Incomplet. Nombreuses piqûres de vers.

XVIIe siècle. Écriture bengalie. 177 olles de 385 × 50 mm., 5 à 6 l., 2 col., 70 à 80 akṣ. (Sanscrit Bengali 61.)

558

Kātantravṛttiṭīkā, par Durgasiṃha.

1re partie : *Saṃdhi*.

1710. Écriture bengalie. Papier indien, 360 × 80 mm., 82 pages, 5 l., 46 à 52 akṣ. Rel. veau. (Sanscrit Bengali 62.)

559

Kātantravṛttiṭīkā (*Ākhyātaṭīkā*), par Durgasiṃha.

XVIIe siècle. Écriture bengalie. 115 olles de 440 × 35 mm., 4 l., 2 col., 60 à 65 akṣ. (Sanscrit Bengali 208.)

560

Kātantravṛttipañjikā.

Commentaire sur la *Vṛtti* de Durgasiṃha, par Trilocanadāsa.

1758. Écriture bengalie. 72 olles de 345 × 40 mm., 3 à 4 l., 2 col., 50 à 60 akṣ. (Sanscrit Bengali 58.)

561

Kātantravṛttipañjikā.

Commentaire sur la *Vṛtti* de Durgasiṃha, par Trilocanadāsa.

1502. Écriture bengalie. Papier indien, 350 × 60 mm., 209 pages, 5 l. 45 à 50 akṣ. D.-rel. (Sanscrit Bengali 93.)

562

Kṛdantaprakriyā, par Anubhūtisvarūpa.

1694. Écriture nāgarī. Papier indien, 240 × 160 mm., 32 pages, 9 à 10 l., 23 à 39 akṣ. Rel. veau. (Sanscrit Dév. 53. — Anquetil, 16 [5].)

563

Taddhitaprakriyā, par Anubhūtisvarūpa.

XVIIIe siècle. Écriture nāgarī. Papier indien, 270 × 145 mm., 81 pages, env. 12 l., 31 à 33 akṣ. Rel. veau. (Burnouf, 45.)

564

Daçabalakārikā, par Daçabala.

XVIIe siècle. Écriture bengalie. 8 olles de 350 × 38 mm., 3 à 4 l., 2 col., 50 à 55 akṣ. (Sanscrit Bengali 126.)

565

I. *Dhātupāṭha.*
II. *Dvirūpakoça.*
III. *Liṅganirṇaya.*

XIXe siècle. Écriture grantha. 109 olles de 350 × 30 mm., 5 l., 45 à 50 akṣ. (Sanscrit Grantha 29.)

566

Dhātupratyayapañjikā, par Dharmakīrti.

XVII° siècle? Écriture bengalie. Papier indien, 260 × 90 mm., 306 pages, 6 à 8 l., 25 à 35 akṣ. D.-rel. (Sanscrit Bengali 138 *bis*.)

567

I. *Dhātumālā*.

II. *Mugdhabodhapariçiṣṭa*.

III-IV. *Çrutabodha*.

V. *Ṣaṭkārakavivecana* de la *Çabdārthasāramañjarī* de Bhavānanda.

VI. *Saṃdhipāda*.

XVII° siècle. Écriture bengalie. Papier indien, 350 × 65 mm., 160 pages, 3 l., 30 à 40 akṣ. D.-rel. (Sanscrit Bengali 237.)

568

Pāṇinīya-çikṣā.

XIX° siècle. Écriture nāgarī. Papier européen, 205 × 95 mm., 30 pages, env. 9 l., 2 à 235 akṣ. D.-rel. (Burnouf, 44.)

569

I. *Prākṛtadīpikā*.

Commentaire sur le 8° livre du *Saṃkṣiptasāra*, par Caṇḍīdeva Çarman.

II. *Rasavatī*, par Jūmaranandin.

Addition au *Saṃkṣiptasāra* de Kramadiçvara.

XVII° siècle. Écriture bengalie. 48 olles de 405 × 35 mm., 4 l., 60 à 70 akṣ. (Sanscrit Bengali 151.)

570

I. *Prākṛtaprakāça*, par Vararuci.

II. *Prākṛtamanoramā*, par Bāhmaka.

Commentaire du *Prākṛtaprakāça*.

1844. Écriture nāgarī. Papier européen, 160 × 200 mm., 223 pages, 10 à 15 l., 16 à 20 akṣ. (Sanscrit Dév. 272. — Ch. d'Ochoa.)

571

Prākṛtavyākaraṇavṛtti, par Trivikramadeva.

XVIIIe siècle? Écriture grantha. 104 olles de 380 × 35 mm., 3 l., 60 à 65 akṣ. (Sanscrit Grantha 32.)

572

Manoramā Kātantra-dhātuvṛtti, par Rāmānātha Çarman.

XVIIIe siècle. Écriture bengalie. Papier indien, 435 × 75 mm., 5 à 8 l., 42 à 52 akṣ. D.-rel. (Sanscrit Bengali 139.)

573

Mahābhāṣyādarça, par Lakṣmaṇa, fils de Murāri Pāṭhaka.

XVIIIe siècle. Écriture nāgarī. Papier indien, 235 × 100 mm., 54 pages, 6 à 7 l., 24 à 32 akṣ. D.-rel. (Sanscrit Dév. 234.)

574

I. *Mugdhabodha*, par Vopadeva.
II. *Mugdhabodhaṭīkā*, par Rāma Çarman.

XVIIIe siècle. Écriture bengalie. Papier indien, 500 × 85 mm., 6 à 9 l. pages 55 à 65 akṣ. D.-rel. (Sanscrit Bengali 240.)

575

I. *Mugdhabodhaṭīkā*, par Rāmānandācārya.
II. *Çaucamālā* ou *Açaucamālā*, par Gopāla Siddhānta.

1672. Écriture bengalie. Papier indien, 390 × 80 mm., 325 pages, 6 à 7 l., 60 à 70 akṣ. D.-rel. (Sanscrit Bengali 143.)

576

Mugdhabodhavyākaraṇa, par Vopadeva.

XVIIIe siècle? Écriture bengalie. Papier indien, 305 × 60 mm., 310 p., 4 à 5 l., 32 à 35 akṣ. D.-rel. (Sanscrit Bengali 142.)

577

Mugdhabodhavyākaraṇa, par Vopadeva.

XVIIIe siècle. Écriture bengalie. Papier indien, 350 × 125 mm., 159 pages, 11 à 13 l., 40 à 50 akṣ. D.-rel. (Sanscrit Bengali 239.)

578

Rasavatīvṛtti, par Kramadīçvara.

Avec la première page du commentaire de Caṇḍīdeva-Çarman.

XIXe siècle. Écriture nāgarī. Copie exécutée par Burnouf? Papier européen, 355 × 230 mm., 31 feuillets, 35 l., 2 à 45 akṣ. D.-rel. (Burnouf, 47.)

579

Laghuvṛtti.

Commentaire sur la grammaire *Kātantra.*

1676. Écriture nāgarī. Papier indien, 140 à 155 × 205 à 220 mm., 109 pages, 12 à 17 l., 21 à 34 akṣ. Rel. veau. (Sanscrit Dév. 41).

580

Liṅgānuçāsana.

1749. Écriture nāgarī. Papier indien, 250 × 112 mm., 147 pages, 12 à 14 l., 30 à 34 akṣ. D.-rel. (Sanscrit Dév. 427. — Senart 40.)

581

I. *Liṅgānuçāsanavivara.*

II. *Anekāthasaṃgraha*, par Hemacandra.

III. *Dhātupāṭha.*

IV. *Çabdānuçāsana*, par Hemacandra. Adhyāya 1-4.

V. *Çabdānuçāsanāvacūrṇi.*

XVIIIe siècle? Écriture nāgarī. Papier indien, 265 × 115 mm., 146 pages, 40 à 100 l., à 250 akṣ. D.-rel. (Sanscrit Dév. 428-432.)

582

Vyākaraṇa?

XVIIIe siècle? Écriture grantha. 165 olles de 430 × 32 mm., 4 à 5 l., 70 à 85 akṣ. (Sanscrit Grantha 81.)

583

Çabdakaustubha, par Bhaṭṭojībhaṭṭa.

XVIIe siècle. Écriture grantha. 76 olles de 490 × 42 mm., 11 à 12 l., 85 à 90 akṣ. (Sanscrit Grantha 28.)

584

Çabdaçāstra?

XVIIIe siècle. Écriture telinga. 148 olles de 470 × 30 mm., 7 à 8 l., 50 à 60 akṣ. (Sanscrit Telinga 5.)

585

I. *Çābdikavicāra.*
II. *Ratnasaṃcya* (?).
III. *Puṣpasnānavidhi.*

1636 et XVIIIe siècle. Écriture nāgarī. Papier indien, 250 × 140 mm., 155 pages, 8 à 9 l., 25 à 32 akṣ. D.-rel. (Sanscrit Dév. 442-444.)

586

I. *Çrutabodha.*

Traité de métrique attribué à Kālidāsa.

II. *Amarūkaçataka* ou *Amaruçataka*, par Amaru.

Incomplet, 42 vers.

II *bis*. *Çṛṅgāradīpikā*, par Vemarāja.

Commencement seul.

III. *Gīta-govinda*, par Jayadeva.

Extraits.

IV. *Mantras.*

V. *Nyāsatilaka.*

Fragment.

XIXe siècle. Écriture nāgarī. Papier indien, 200 × 160 mm., 86 pages, 10 à 16 l., 24 à 35 akṣ. Cartonné. (Sanscrit Dév. 257. — Ch. d'Ochoa.)

587

Saṃkṣiptasāra, par Kramadīçvara.

1627. Écriture bengalie. Papier indien, 400 × 75 mm., 583 pages, 5 l., 45 à 56 akṣ. D.-rel. (Sanscrit Bengali 63.)

588

Saṃkṣiptasāraṭīkā, par Goyīcandra.

Les 6 premiers livres.

XVIIe siècle? Écriture bengalie. Papier indien, 370 × 90 mm., 108 pages 8 à 10 l., 46 à 58 akṣ. Rel veau. (Sanscrit Bengali 64 A [Papier].)

589-592

Saṃkṣiptasāraṭīkā, par Goyīcandra.

En 4 volumes.

1633. Écriture bengalie. *a*. 54 olles de 378 × 38 mm., 4 l., 55 à 65 akṣ. *b*. 103 olles de 400 × 42 mm., 4 l., 70 à 75 akṣ. *c*. 126 olles de 445 × 40 mm., 4 à 6 l., 2 col., 75 à 85 akṣ. *d*. 125 olles de 450 × 42 mm., 4 à 5 l., 70 à 80 akṣ. (Sanscrit Bengali 64 A, B, C, D [Olles].)

593

Saṃkṣiptasāraṭīkā, par Goyīcandra.

1621? Écriture bengalie. Papier indien, 370 × 85 mm., 454 pages, 7 l. 36 à 40 akṣ. Rel. veau. (Sanscrit Bengali 64.)

594

Saṃkṣiptasāraṭīkā, par Goyīcandra.

XVIIIe siècle? Écriture bengalie. Papier indien, 440 × 75 mm., 224 pages, 6 à 10 l., 65 à 70 akṣ. D.-rel. (Sanscrit Bengali 65.)

595

Sārasvataṭīkā.

XVIIe siècle? Écriture nāgarī. Papier indien, 270 × 110 mm., 143 pages, 10 l., 37 à 40 akṣ. D.-rel. (Sanscrit Dév. 269. — Ch. d'Ochoa.)

596

Sārasvataprakriyā, par Anubhūtisvarūpa.

XVIIIe siècle. Écriture nāgarī. Papier indien, 185-190 × 100-105 mm., 157 pages, 10 à 11 l., 25 à 30 akṣ. Rel. veau. (Sanscrit Dév. 52. — Anquetil, 16 [4].)

597

Sārasvataprakriyā (Commencement de la).

XVIIe siècle. Écriture nāgarī. Papier indien, 245 × 192 mm., 92 pages, 9 à 13 l., 32 à 36 akṣ. D.-rel. (Sanscrit Dév. 215.)

598

Sārasvataprakriyā, par Anubhūtisvarūpa.

Exemplaire annoté par Colebrooke.

XVIIIe siècle. Écriture nāgarī. Papier indien, 319 × 110 mm., 317 pages, 5 l., 45 à 50 akṣ. Rel. maroquin. (Sanscrit Dév. 377.)

599-600

Siddhāntakaumudī, par Bhattoji Dīkṣita.

XVIIIe siècle. Écriture grantha. 51 et 101 olles de 475 × 38 mm., 7 à 8 l., 60 à 85 akṣ. (Sanscrit Grantha 30 et 31.)

601

Siddhāntakaumudī, par Bhaṭṭoji Dīkṣita.

XVIIIe siècle. Écriture grantha. 82 olles de 450 × 35 mm., 6 l., 80 à 90 akṣ. (Sanscrit Grantha 117.)

602

Siddhāntacandrikā, par Rāmāçrama.

1734. Écriture nāgarī. Papier indien, 224 × 100 mm., 197 pages, 9 l., 22 à 26 akṣ. Rel. veau. (Sanscrit Dév. 51. — Anquetil, 16, [3].)

603

Siddhāntacandrikā Sarasvatīsūtraṭīkā, par Rāmāçrama ou Rāmacandrāçrama.

Chapitre de la conjugaison.

XVIIe siècle. Écriture nāgarī. Papier indien, 225 × 19 mm., 162 pages, 8 à 10 l., 28 à 44 akṣ. Rel. veau. (Sanscrit Dév. 211.)

604

Siddhāntacandrikā.

Incomplet.

XVIIIe siècle. Écriture nāgarī. Papier indien. 230 × 105 mm., 157 pages, 7 à 9 l., 23 à 30 akṣ. D.-rel. (Sanscrit Dév. 212.)

605

Subantavyākhyāna.

XVIIIe siècle. Ecriture telinga. 146 olles de 445 × 30 mm., 8 à 9 l., 50 à 60 akṣ. (Sanscrit Telinga 30.)

606

« *Traités de grammaires* en sanskrit, prakrit, hindi, pendjabi, etc., traduits et annotés et commentés par Charles d'Ochoa, 1844. »

Titre de la main de Ch. d'Ochoa. — Collection de textes lithographiés et mss., reliés ensemble. Les pages blanches, placées à la fin du volume et destinées à recevoir la traduction annoncée, n'ont pas été utilisées, excepté le feuillet 272 où est copié le texte de la 33e soûrate du Koran (سورة الأحزاب *sūratu 'l-aḥzāb*).

1844. Écriture nāgarī. Papier européen, env. 200 × 160 mm., 408 pages de texte, 200 pages blanches, 10 à 20 l., 10 à 20 akṣ. D.-rel. (Sanscrit Dév. 296. — Ch. d'Ochoa.)

607

Amarakoça.

1er chapitre.

1827. Écriture nāgarī. Papier indien, 200 × 100 mm., 35 pages, 9 à 11 l., 30 à 30 akṣ. D.-rel. (Sanscrit Dév. 271. — Ch. d'Ochoa.)

608

Abhidhānacintāmaṇi, par Hemacandra.

1755. Écriture nāgarī. Papier indien, 245 × 105 mm., 111 pages, 14 l., 28 à 32 akṣ. D.-rel. (Sanscrit. Dév. 426. — Senart [2].)

609

Amarakoça, par Amarasiṃha.

XVIIIe siècle. Écriture nāgarī. Papier indien, 190 × 115 mm., 221 pages, 10 l., 21 à 24 akṣ. Une miniature. D.-rel. (Sanscrit Dév. 33.)

610

I. *Anekārthadhvani-mañjarī*, par Mahākṣapaṇaka.

II. *Abhidānacintāmaṇi saṭīkā* (*Sāroddhāra*), par Hemacandra.

III. *Upadeçamālā-prakaraṇa*.

IV. *Yogacintāmaṇi* (*Vaidyakasārasaṃgraha*), par Harṣakīrti.

1629. Écriture nāgarī. Papier indien, 265 × 110 mm., 460 pages, 10 à 25 l., 25 à 90 akṣ. D.-rel. (Sanscrit. Dév. 372-375.)

611

Amarakoça, par Amarasiṃha.

Gloses marginales.

XVIIe siècle. Écriture bengalie. 73 olles de 375 × 50 mm., 4 l., 2 col., 55 à 60 akṣ. (Sanscrit Bengali 96.)

612

I. *Amarakoça*.

II. *Amarakoçaṭīkā*, par Nīlakaṇṭha Çarman.

III. *Ratnamālā*.

Vocabulaire médical.

XVIIe siècle. Écriture bengalie. Papier indien, 415 × 80 mm., 466 pages, 4 l. à 8, 40 à 50 akṣ. D.-rel. (Sanscrit Bengali 191. — Guérin, 38 à 40 [2].)

613

Amarakoça.

XIXe siècle. Écriture grantha. 267 olles de 370 × 30 mm., 5 l., 3 col., 35 à 40 akṣ. (Sanscrit Grantha 36.)

614

Amarakoçaṭīkā, par Liṅgabhaṭṭa.

Livre Ier.

XIXe siècle. Écriture grantha. 194 olles de 356 × 36 mm., 6 l., 55 à 65 akṣ. (Sanscrit Grantha 37.)

615

Amarakoçaṭīkā (3e livre), par Bomagantyappācārya.

XIXe siècle. Écriture grantha. 32 olles de 440 × 35 mm., 6 l., 70 à 75 akṣ. (Sanscrit Grantha 38)

616

Amarakoça, par Amarasiṃha.

XVIIIe siècle. Écriture nagra. 180 olles de 240 × 40 mm., 8 à 9 l., 25 à 35 akṣ. (Sanscrit Nagra 26.)

617

Amarakoça, par Amarasiṃha.

XVIIIe siècle. Écriture telinga. 146 olles de 450 × 35 mm., 6 à 8 l., 50 à 55 akṣ. (Sanscrit Telinga 24.)

618

Amarakoça, par Amarasiṃha.

XVIIIe siècle. Écriture telinga. 27 olles de 455 × 30 mm., 6 l., 40 à 50 akṣ. (Sanscrit Telinga 39. — Burnouf, 67).

619

Amarakoçakaumudī.

Commentaire sur l'*Amarakoça* d'Amarasiṃha, commencé par Nayanānanda Çarman, et terminé par son élève Rāmacandra Çarman.

XVIIIe siècle? Écriture bengalie. Papier indien, 380 × 73 mm., 509 pages, 7 à 9 l., 52 à 60 akṣ. D.-rel. (Sanscrit Bengali 97.)

620

Amarakoçapañcikā.

Livres I-III.

XVIIIe siècle? Écriture grantha. 225 olles de 223 × 35 mm., 7 l., 35 à 40 akṣ. (Sanscrit Grantha 33.)

621

Amarakoçapañcikā.

Livre III.

XIXe siècle. Écriture grantha. 85 olles de 422 × 38 mm., 70 à 80 akṣ. (Sanscrit Grantha 34.)

622

Amarakoçapañcikā.

XVIIe siècle? Écriture grantha. 306 olles de 330 × 30 mm., 4 l., 40 à 45 akṣ. (Sanscrit Grantha 35.)

623-625

Amaraṭīkā, par Amarasiṃha.

Avec le commentaire (*Vyākhyāsudhā*) de Bhaṭṭojī Dīkṣita.

En 3 volumes.

XVIIIe siècle. Écriture nāgarī. Papier indien, 295 × 125 mm., I, 352 pages, II, 694 pages; III, 304 pages, 5 à 12 l., 14 à 42 akṣ. Rel. veau. (Sanscrit Dév. 38. — Anquetil, 14.)

626-630

Amaraṭīkā, par Amarasiṃha.

Avec le commentaire, ou *Vyākhyāsudhā*, de Bhaṭṭojī Dikṣita. En 5 volumes.

XVIIIe siècle. Écriture nāgarī. Papier indien, 265 X 145 mm., I, 1019 pages; II (1), 821 pages ; II (2), 801 pages ; III (3), 843 pages ; III, 1089 pages, 4 l., 20 à 30 akṣ. Rel. veau. (Sanscrit Dév. 39.)

631

Amaratrikāṇḍa.

XVIIIe siècle. Écriture grantha. 79 olles de 380 X 30 mm., 5 à 6 l., 60 à 70 akṣ. (Sanscrit Grantha 68.)

632

Ekākṣarakoça.

XIXe siècle. Écriture nāgarī. Papier indien, 130 X 95 mm., 37 pages, 4 à 8 l., 3 à 20 akṣ. D.-rel. (Sanscrit Dév. 297.)

633

I. *Ekākṣaranāmamālā*.
II. *Ekākṣaranighaṇṭumālā*.
III. *Vākyaprakāça*, par Udayadharma.
IV. *Cintāmaṇistotra*.
V. *Piṇḍaviçuddhiprakaraṇa*.

Ouvrage jaina en prākrit, par Jinavallabba.

VI. *Janmamahodbhava*.
VII. *Caturmukhamahāvīrastotra*.
VIII. *Sādhāraṇajinastotra*.
IX. *Mithyātvasaptatikā*.

XVIIe siècle? Écriture nāgarī. Papier indien, 260 X 120 mm., 60 pages, 15 à 19 l., 30 à 60 akṣ. D.-rel. (Sanscrit Dév. 433-441.)

634

Trikāṇḍaçeṣa, par Puruṣottamadeva.

XVIIIe siècle. Écriture nāgarī. Papier indien, 230 × 140 mm., 105 pages, 10 l., 38 à 42 akṣ. D.-rel. (Burnouf, 48.)

635

Nāmamālā, par Hemacandra.

Kāṇḍas I-VI.

XVIIIe siècle. Écriture nāgarī. Papier indien, 245 × 100 mm., 105 pages, 15 l., 27 à 38 akṣ. Rel. veau. (Sanscrit Dév. 47. — Anquetil, 17.)

636

Nāmamālā.

Copie du ms. précédent.

XVIIIe siècle. Écriture nāgarī. Papier indien, 265 × 140 mm., 429 pages, 5 l., 24 à 27 akṣ. Rel. veau. (Sanscrit Dév. 48. — Anquetil, 48.)

637

Nāmaliṅgānuçāsana, par Amarasiṃha.

XVIIIe siècle. Écriture grantha. 48 olles de 390 × 35 mm., 6 à 7 l., 40 à 50 akṣ. (Sanscrit Grantha 116.)

638

Nāmaliṅgānuçāsana, par Amarasiṃha.

XVIIIe siècle. Écriture nagra. 42 olles de 405 × 40 mm., 8 l., 40 à 50 akṣ. (Sanscrit Nagra 23.)

639

Nāmaliṅgānuçāsana, par Amarasiṃha.

Fragment; en très mauvais état.

XVIIe siècle. Écriture grantha 195 olles-de 380 à 440 × 40 mm., 5 l., 55 à 65 akṣ. (Sanscrit Grantha 70.)

640

Nāmaliṅgānuçāsana, par Amarasiṃha.

XVIIIe siècle. Écriture telinga. 85 olles de 380 × 30 mm., 5 à 6 l., 45 à 50 akṣ. (Sanscrit Telinga 25.)

641

Nāmaliṅgānuçāsana, par Amarasiṃha.

XVIIIe siècle. Écriture telinga. 69 olles de 425 × 35 mm., 6 à 7 l., 40 50 akṣ. (Sanscrit Telinga 34.)

642

(*Amaratrikāṇḍa-*)*nāmaliṅgānuçāsana*, par Amarasiṃha.

XVIIIe siècle. Écriture grantha. 112 olles de 415 × 35 mm., 5 l., 55 à 60 akṣ. (Sanscrit Grantha 69.)

643

Paryāyaratnamālā, par Maheçvara Miçra.

XIXe siècle. Écriture grantha. 420 × 35 mm., 5 à 7 l., 50 à 55 akṣ. (Sanscrit Grantha 41.)

644

I. *Paryāyārṇava*, par Nīlakaṇṭha Miçra.
II. *Viçvaprakāça*, par Maheçvara.

XIXe siècle. Écriture grantha. 121 olles de 405 × 30 mm., 5 l., 45 à 50 akṣ. (Sanscrit Grantha 40.)

645

Viçvaprakāça, par Maheçvara.

XVIIIe siècle. Écriture nāgari. Papier indien, 260 × 135 mm., 16 pages, 10 à 14 l., 35 à 38 akṣ. D.-rel. (Sanscrit Dév. 342.)

646

Viçvaprakāça, par Maheçvara.

XVIIe siècle. Écriture bengalie. 129 olles de 375 × 40 mm., 4 l., 2 col., 65 à 70 akṣ. (Sanscrit Bengali 102.)

647

Viçvaprakāça, par Maheçvara.

XVIIIe siècle. Écriture grantha. 128 olles de 335 × 40 mm., 7 l., 45 à 50 akṣ. (Sanscrit Grantha 39.)

648

Viçvaprakāça (?).

Fragment.

XIXe siècle. Écriture grantha. 14 olles de 450 × 40 mm., 8 à 11 l., 55 à 60 akṣ. (Sanscrit Grantha 124.)

649

Viçvaprakāça (?).

Fragment.

XVIIIe siècle? Écriture grantha. 22 olles de 270 × 30 mm., 5 l., 40 à 45 akṣ. (Sanscrit Grantha 125.)

650

I. *Çabdabhedaprakāçakoça.*
II. *Sakarabheda.* — Fragment.
III. *Hārāvali.*

Trois ouvrages par Puruṣottamadeva.

XVIIe siècle. Écriture bengalie. 35 olles de 410 × 40 mm. 3 à 4 l., 60 à 70 akṣ. (Sanscrit Bengali 145.)

651

Hārāvalī.

Lexique par Puruṣottamadeva.

XVIIe siècle. Écriture nāgarī. Papier indien, 240 × 120 mm., 30 pages, 8 à 9 l., 38 à 40 akṣ. D.-rel. (Sanscrit Dév. 303.)

652

Dictionnaire samskrétam-françois.

Commencé le 15 mars, achevé le 11 juin 1779. En transcription latine. Papier européen, 170 × 205 mm., 419 feuillets, 34 l. Rel. veau. (Sanscrit Dév. 282.)

653

Chandas.

Attribué à Piṅgala. — Texte en padapatha.

1569. Écriture nāgarī. Papier indien, 238 × 102 mm., 131 pages, 7 à 8 l., 25 à 28 akṣ. D.-rel. (Sanscrit Dév. 174.)

654

Chandas.

1829. Écriture nāgarī. Papier indien, 250 × 108 mm., 82 pages, 7 l., 32 à 35 akṣ. D.-rel. (Sanscrit Dév. 175.)

655

Anargharāghava.

Drame en 7 actes, par Murāri. — Le prākrit est interprété.

1532. Écriture bengalie. 152 olles de 380 × 45 mm., 4 l., 2 col., 50 à 55 akṣ. (Sanscrit Bengali 112.)

656

Anuruddhaçataka.

Incomplet.

XVIIIe siècle. Écriture singhalaise. 33 olles de 355 × 43 mm., 6 l., 35 à 45 akṣ. (Sanscrit Singhalais 1. — Burnouf, 69.)

657

Abhijñānaçakuntalā, par Kālidāsa.

1631. Écriture bengalie. 126 olles de 400 × 40 mm., 3 l., 2 col., 50 à 60 akṣ. (Sanscrit Bengali 86.)

658

Amaruçataka, par Amaru.

Écriture bengalie. Papier indien, 290 × 87 mm., 17 pages, 8 à 9 l., 40 à 45 akṣ. Rel. veau. (Sanscrit Bengali 118.)

659

I. *Ānandalaharīstotra*, par Çaṅkarācārya.
II. *Meghadūtu*, par Kālidāsa.
III. *Çānticataka*, par Çilhaṇa.

1617? Écriture bengalie. Papier indien, 380 × 70 mm., 100 pages, 4 l., 40 à 50 akṣ. D.-rel. (Sanscrit Bengali 172.)

660

I. *Ṛtusaṃhāra* (*Nidāgha* du), par Kālidāsa.
II. *Mohamudgara*, par Çaṅkarācārya.

XVIIIe siècle. Écriture bengalie. 6 olles de 430 × 40 mm., 50 à 60 akṣ. (Sanscrit Bengali 80.)

661

Kavikalpalatā, par Rāghavacaitanya.

1504. Écriture bengalie. 70 olles de 550 × 40 mm., 5 l., 50 à 60 akṣ. (Sanscrit Bengali 178.)

662

Kādambarī, par Bāṇa.

Incomplet.

XIXe siècle. Écriture nāgarī. Papier indien, 245 × 100 mm., 161 pages, 7 l., 32 à 34 akṣ. D.-rel. (Sanscrit Dév. 259. — Ch. d'Ochoa.)

663

Kādambarī, par Bāṇa.

XVIIe siècle. Écriture bengalie. 156 olles de 370 × 55 mm., 5 l., 70 à 80 akṣ. (Sanscrit Bengali 111.)

665

Kādambarī, par Bāṇa.

1700. Écriture bengalie. Papier indien, 337 × 60 mm., 466 pages, 5 à 6 l., 40 à 50 akṣ. D.-rel. (Sanscrit Bengali 110.)

665

I. *Kāvyakalpalatā.*
II. *Aloāṇa.*
III. *Yantrarājaṭīkā*, par Malayendu Sūri.
IV. *Nārāyaṇopaniṣad.*

XVIIIe siècle. Écriture nāgarī. Papier indien, 240 × 95 mm., 50 pages, 10 à 20 l., 25 à 40 akṣ. D.-rel. (Sanscrit Dév. 458-462.)

666

Kāvyādarça, par Daṇḍin.

1710. Écriture bengalie. 49 olles de 367 × 38 mm., 4 l., 25 à 35 akṣ. (Sanscrit Bengali 144 A.)

667

I. *Kāvyaprakāça*, par Mammaṭa et Alaka.
II. *Haṃsadūta*, par Rūpa Gosvāmin.

XVIIe siècle. Écriture bengalie. 145 olles de 350 × 50 mm., 3 à 7 l., 2 col., 65 à 80 akṣ. (Sanscrit Bengali 130.)

668

Kāvyacandrikā, par Kavicandra.

Les 8 premiers chapitres.

XVIIIe siècle. Écriture bengalie. Papier indien, 400 × 70 mm., 55 pages, 6 l., 60 à 65 akṣ. Rel. veau (Sanscrit Bengali 92.)

669

I. *Kāvyaprakāçaṭīkā.* — Incomplet.

II. *Rasāmṛtamañjarī.*

XVIIIe siècle? Écriture kāçmīrī. Papier indien, 230 à 240 × 300 à 320 mm., 140 pages, 20 à 30 l., 24 à 30 akṣ. D.-rel. (Sanscrit Dév. 369).

670

Kāvyālaṃkāravṛtti, par Vāmana.

Manque le fol. 46.

XVIIe siècle. Écriture bengalie. 54 olles de 330 × 33 mm., 4 l., 60 à 65 akṣ. (Sanscrit Bengali 101.)

671

Kirātārjunīya, par Bhāravi.

Sargas 1-5 et début du 6e.

XVIIIe siècle. Écriture nāgarī. Papier indien, 210 × 146 mm., 76 pages, 9 à 10 l., 12 à 19 akṣ. Rel. veau. (Sanscrit Dév. 17.)

672

Kirātārjunīya, par Bhāravi.

XVIIe siècle. Écriture bengalie. 122 olles de 350 × 32 mm., 3 l., 45 à 55 akṣ. (Sanscrit Bengali 243.)

673

Kirātārjunīya, par Bhāravi.

Écriture bengalie. Papier indien, 348 × 80 mm., 167 pages, 5 à 7 l., 38 à 46 akṣ. Rel. veau. (Sanscrit Bengali 90.)

674

Kumārasaṃbhava, par Kālidāsa.

XVIIIe siècle. Écriture bengalie. Papier indien, 398 × 85 mm., 88 pages, 5 l., 40 à 50 akṣ. Rel. veau. (Sanscrit Bengali 87.)

675

Kumārasaṃbhava, par Kālidāsa.

Sargas 1-7.

XVIIIe siècle. Écriture nāgarī. Papier indien, 200 × 143 mm., 171 pages, 9 l., 13 à 19 akṣ. Rel. veau. (Sanscrit Dév. 43.)

676

Kṛṣṇakarṇāmṛta, par Bilvamaṅgala.

XVIIIe siècle. Écriture nāgarī. Papier indien, 265 × 115 mm., 128 pages, 6 à 10 l., 28 à 40 akṣ. D.-rel. (Sanscrit Dév. 235.)

677

Kṛṣṇaçataka, par Acyuta.

1832. Écriture nāgarī. Papier européen, 178 × 110 mm., 38 pages, 9 l., 22 à 25 akṣ. D.-rel. (Sanscrit Dév. 249. — Ch. d'Ochoa.)

678

Gaṅgāvākyāvalī, par Vidyāpati.

1522. Écriture bengalie. 141 olles de 385 × 60 mm., 5 l., 50 à 60 akṣ. (Sanscrit Bengali 164.)

679

Gītagovinda, par Jayadeva.

Avec le commentaire, ou *Ratnamālā*, de Kamalākara.

1629. Écriture nāgarī. Papier indien, 275 × 120 mm., 184 pages, 11 l., 40 à 43 akṣ. D.-rel. (Sanscrit Dév. 261. — Ch. d'Ochoa.)

680

I. *Gītagovinda*, par Jayadeva.

La fin manque. — Le commentaire s'arrête au fol. 16.

II. *Satkṛtyamuktāvalī*, par Raghunātha Sārvabhauma Bhaṭṭācārya.

XVIIIe siècle. Écriture bengalie. 95 olles de 350 × 52 mm., 3 à 8 l., 40 à 85 akṣ. (Sanscrit Bengali 113.)

681

Gītagovinda, par Jayadeva.

XVIIIe siècle? Écriture kāçmīrī. Papier indien, 90 × 130 mm., 1074 pages, 8 à 12 l., 10 à 28 akṣ. D.-rel. (Sanscrit Dév. 393.)

682

Campūbhārata, par Anantabhaṭṭa.

XVIIe siècle. Écriture grantha. 65 olles de 385 × 40 mm., 8 à 10 l., 65 à 70 akṣ. (Sanscrit Grantha 91.)

683

Campūrāmāyaṇa.

Livres I-VII.

XIXe siècle. Écriture grantha. 180 olles de 350 × 40 mm., 5 l., 35 à 40 akṣ. (Sanscrit Grantha 14.)

684

I. *Cāṇakyaçloka* ou *Cāṇakyanīti.*

II. Petit poème sans titre.

XIXe siècle. Écriture bengalie. Papier indien, 230 × 90 mm., 28 pages, 7 à 12 l., 30 à 40 akṣ. D.-rel. (Sanscrit Bengali 241.)

685

I. *Chandomañjarī*, par Gaṅgādāsa.

II. *Çrutabodha.*

XVIIIe siècle. Écriture bengalie. 40 olles de 380 × 35 mm., 3 l., 2 col., 55 à 60 akṣ. (Sanscrit Bengali 123.)

686

I. *Chandovilāsa.*

II. *Vidagdhamukhamaṇḍana*, par Dharmadāsa.

XVIIIe siècle? Ecriture bengalie. Papier indien, 345 à 415 × 75 à 85 mm., 6 à 8 l., 190 pages, 40 à 60 akṣ. D.-rel. (Sanscrit Bengali 125.)

687

Damayantīvṛttānta.

XVIIIe siècle. Écriture grantha. 146 olles de 455 × 40 mm., 7 l., 55 à 60 akṣ. (Sanscrit Grantha 92.)

688

Dāçarathiçataka.

Note de la main de Burnouf : « Collection de cent stances en l'honneur de Rāma, fils de Daçaratha; en sanscrit et en caractères telingas; ce ms. est écrit avec le plus grand soin. »

XVIIIe siècle. Écriture telinga. 9 olles de 433 × 30 mm., 7 l., 3 col., 45 à 50 akṣ. (Sanscrit Telinga 36. — Burnouf, 64.)

689

Dṛṣṭāṅkaçataka, par Kusumadeva.

1788 ? Écriture nāgarī. Papier indien, 207 × 147 mm., 28 pages, 7 à 10 l., 8 à 10 akṣ. Rel. veau. (Sanscrit Dév. 17 *bis*.)

690

I. *Dhūrtasamāgama*, par Jyotirīçvara.
II. *Vikramorvaçī*, par Kālidāsa.

1598. Écriture bengalie. Papier indien, 405 × 70 mm., 98 pages, 6 l., 45 à 50 akṣ. Rel. veau. (Sanscrit Bengali 85.)

691

Nāṭakacandrikā, par Rūpa Gosvāmin.

XVIIe siècle. Écriture bengalie. Papier indien, 435 × 115 mm., 24, pages, 13 à 17 l., 60 à 70 akṣ. Rel. veau. (Sanscrit Bengali 171.)

692

Naiṣadhacarita, par Çrī Harṣa.

1779-1798. Écriture nāgarī. Papier indien, 230 × 103 mm., 392 pages, 8 à 11 l., 40 à 43 akṣ. D.-rel. (Sanscrit Dév. 262. — Ch. d'Ochoa.)

693

Naiṣadhacarita, par Çrī Harṣa.

XIXe siècle. Écriture nāgarī. Papier indien, 285, 525 et 565 × 137 mm., 6 pages, 25 à 27 akṣ. D.-rel. (Sanscrit Dév. 274. — Ch. d'Ochoa.)

694

Naiṣadhacarita, par Çrī Harṣa.

Texte accompagné d'un commentaire.

XVIIIe siècle? Écriture nāgarī. 246 olles de 625 × 35 à 50 mm., 3 à 7 l., 3 col., 75 à 90 akṣ. (Sanscrit Dév. 291.)

695

Naiṣadhacarita, par Çrī Harṣa.

Incomplet.

XVIIIe siècle. Écriture bengalie, 108 olles de 440 × 60 mm., 3 à 4 l., 2 col., 65 à 70 akṣ. (Sanscrit Bengali 121.)

696

Naiṣadhacarita, par Çrī Harṣa.

XVIIe siècle. Écriture bengalie, 70 olles de 360 × 43 mm., 5 l., 70 à 80 akṣ. (Sanscrit Bengali 122.)

697-698

Naiṣadhacaritaṭīkā.

En deux volumes.

1774-1797. Écriture nāgarī. Papier indien, 202 à 220 × 120 mm., 510 et 512 pages, 10 à 15 l., 40 à 55 akṣ. D.-rel. (Sanscrit Dév. 263 et 264. — Ch. d'Ochoa.)

699

Naiṣadhīya(carita), par Çrī Harṣa.

XVIIIe siècle? Écriture grantha. 19 olles de 420 × 32 mm., 7 l., 55 à 65 akṣ. (Sanscrit Grantha, 93.)

700

Naiṣadhakāvya, par Çrī Harṣa.

5e Adhyāya.

XVIIIe siècle. Écriture grantha. 30 olles de 340 à 390 × 30 mm., 4 à 5 l., 35 à 45 akṣ. (Sanscrit Grantha, 94.)

701

Padmamālā. Petite anthologie de vers.

Au verso se trouve un catalogue de livres sanscrits.

XIXe siècle. Écriture nāgarī. Papier européen, 3m,70 × 75 mm., 412 l., 5 à 20 akṣ. Rouleau. (Sanscrit Dév. 307.)

702

Prabodhacandrodaya, par Kṛṣṇamiçra.

1751. Écriture bengalie. Papier indien, 375 × 65 mm., 107 pages, 5 l., 38 à 44 akṣ. D.-rel. (Sanscrit Bengali 99.)

703

Prabodhacandrodaya, par Kṛṣṇamiçra.

XVIIIe siècle? Écriture bengalie. Papier indien, 365 × 130 mm., 66 pages, 9 l., 35 à 40 akṣ. D.-rel. (Sanscrit Bengali 141 A.)

704

Bilhaṇacarita, par Bilhaṇa.

XIXe siècle. Écriture nāgarī. Papier européen, 198 × 125 mm., 127 pages, 10 à 18 l., 18 à 28 akṣ. (Sanscrit Dév. 268. — Ch. d'Ochoa.)

705

I. *Bilhaṇacarita*, par Bilhaṇa.
II. *Bhartṛhariçataka.*
III. *Paṇḍitarājakṛti* (?).

XVIIIe siècle. Écriture grantha. 115 olles de 355 × 40 mm., 5 l., 55 à 60 akṣ. (Sanscrit Grantha 19.)

706

Bhaktirasāmṛtasindhu, par Rūpa Gosvāmin.

XVIIIe siècle? Écriture bengalie. Papier indien, 440 × 95 mm., 242 pages, 6 à 7 l., 50 à 60 akṣ. Rel. veau. (Sanscrit Bengali 174.)

707

Bhaṭṭikāvya, par Bhaṭṭi.

1672. Écriture bengalie. Papier indien, 380 × 65 mm., 157 pages, 5 l., 50 à 60 akṣ. D.-rel. (Sanscrit Bengali 170.)

708

Bhartṛhariçataka, Collection de sentences attribuées à Bhartṛhari.

1. *Çṛṅgāraçataka*, fol. 1-25; 2. *Nītiçataka*, fol. 1-59; 3. *Vairāgyaçataka*, fol. 1-25.

(1844.) Écriture nāgarī. Papier européen, 133 × 200 mm., 110 pages, 16 à 19 l., 10 à 25 akṣ. D.-rel. (Sanscrit Dév. 245. — Ch. d'Ochoa.)

709

Bhāminīvilāsa, par Jagannātha Paṇḍitarāja.

1770-1. Écriture nāgarī. Papier indien, 230 × 105 mm., 65 pages, 9 l., 32 à 32 akṣ. D.-rel. (Sanscrit Dév. 244. — Ch. d'Ochoa.)

710

Bhojaprabandha, par Ballāla.

(1844). Écriture nāgarī. Papier européen, 160 × 200 mm., 140 pages, 14 à 15 l., 20 à 23 akṣ. D.-rel. (Sanscrit Dév. 246. — Ch. d'Ochoa.)

711

Bhojaprabandha, par Ballāla.

XVIIIe siècle. Écriture grantha. 111 olles de 370 × 350 mm., 6 l., 45 à 50 akṣ. (Sanscrit Grantha 17.)

712

Madhumatī kāvyaprakāçaṭīkā, par Ravi, fils de Ratnapāṇi.

XVIIIe siècle? Écriture bengalie. Papier indien, 350 × 90 mm., 155 pages, 7 à 9 l., 45 à 55 akṣ. D.-rel. (Sanscrit Bengali 129.)

713

Mahānāṭaka, recension de Damodara.

XVIIIe siècle. Écriture bengalie. Papier indien, 480 × 88 mm., 77 p., 8 l., 62 à 68 akṣ. D.-rel. (Sanscrit Bengali 127.)

714

Mahānāṭaka, recension de Dāmodara.

XVIIIe siècle. Écriture bengalie. Papier indien, 480 × 90 mm., 100 p., 5 à 8 l., 60 à 75 akṣ. D.-rel. (Sanscrit Bengali 225.)

715

Mudrārākṣasa, par Viçākhadatta.

1667. Écriture bengalie. Papier indien, 410 × 85 mm., 115 pages, 6 l., 45 à 50 akṣ. D.-rel. (Sanscrit Bengali 117.)

716

Meghadūta, par Kālidāsa.

XVIIIe siècle. Écriture nāgarī. Papier indien, 220 × 147 mm., 53 pages, 9 l., 12 à 17 akṣ. Rel. veau. (Sanscrit Dév. 44.)

717

Meghadūta, par Kālidāsa.

XVIIIe siècle. Écriture nāgarī. Papier indien, 278 × 113 mm., 26 pages, 8 à 9 l., 40 à 42 akṣ. D.-rel. (Sanscrit Dév. 304.)

718

Raghuvaṃça, par Kālidāsa.

1669? Écriture nāgarī. Papier indien, 200 à 217 × 145 mm., 436 p., 9 à 11 l., 12 à 15 akṣ. Rel. veau. (Sanscrit Dév. 40.)

719

Raghuvaṃça, par Kālidāsa.

Manquent les sargas 4, 8-9, 15-16.

1623? Écriture nāgarī. Papier indien, 200 à 225 × 95 à 105 mm., 335 pages, 6 à 9 l., 24 à 28 akṣ. Rel. veau. (Sanscrit Dév. 50. — Anquetil, 16 *bis*.)

720

I. *Raghuvaṃça*, 2e et 3e sarga.
II. *Naiṣadhīyacarita* par Çrī Harṣa, 2e et 3e sarga.

1832. Écriture nāgarī. Papier indien. 240 × 105 mm., 52 pages, 8 à 12 l., 48 à 52 akṣ. D.-rel. (Sanscrit Dév. 265. — Ch. d'Ochoa.)

721

Raghuvaṃça, par Kālidāsa.

Écriture bengalie. Papier indien, 380 × 90 mm., 256 pages, 5 à 6 l., 50 à 60 akṣ. D.-rel. (Sanscrit Bengali 25.)

722

Raghuvaṃça, par Kālidāsa.

Fragment.

XVIIIe siècle? Écriture grantha. 24 olles de 370 à 400 × 27 à 32 mm., 5 l., 50 à 60 akṣ. (Sanscrit Grantha 108.)

723

Raghuvaṃça, par Kālidāsa.

XVIIIe siècle. Écriture telinga. 227 olles de 446 × 36 mm., 6 à 8 l., 50 à 55 akṣ. (Sanscrit Telinga 27.)

724

Raghuvaṃça, par Kālidāsa.

XVIIIe siècle. Écriture telinga. 59 olles de 470 × 35 mm., 4 à 7 l., 55 à 65 akṣ. (Sanscrit Telinga 46.)

725

Raghuvaṃça, par Kālidāsa.

1568. Écriture nāgarī. Papier indien, 260 X 108 mm., 101 pages, 15 à 17 l., 42 à 50 akṣ. D.-rel. (Sanscrit Dév. 419. — Senart [36].)

726

Raghuvaṃça-ṭīkā.

XVIIIe siècle. Écriture nāgarī. Papier indien, 250 X 105 mm., 752 p., 13 l., 30 à 38 akṣ. D.-rel. (Sanscrit Dév. 420.)

727

Raghuvaṃçavyākhyā.

Note de la main de Burnouf : « Commentaire sur le sixième livre du Raghuvaṃça... »

XVIIe siècle ? Écriture telinga. 24 olles de 350 X 30 mm., 5 à 6 l., 35 à 40 akṣ. (Sanscrit Telinga 37. — Burnouf, 65.)

728

Ratnāvalī, par Harṣadeva.

XVIIIe siècle? Écriture bengalie. Papier indien, 320 X 75 mm., 37 pages, 8 à 10 l., 52 à 60 akṣ. Rel. veau. (Sanscrit Bengali 82 B.)

729

Rasaprakāça, par Kṛṣṇaçarman.

Incomplet.

XVIIIe siècle. Écriture bengalie. Papier indien, 410 X 90 mm., 86 pages, 6 l., 65 à 70 akṣ. D.-rel. (Sanscrit Bengali, 129 A.)

730

Rasaratnakoça.

XVIIIe siècle? Écriture nāgarī. Papier indien, 270 X 100 mm., 239 pages, 9 l., 40 à 44 akṣ. D.-rel. (Sanscrit Dév. 243. — Ch. d'Ochoa.)

731

Rasikajīvana, par Gadādhara.

Incomplet.

XVIIe siècle. Écriture nāgarī. Papier indien, 240 × 90 mm., 250 pages, 9 l., 38 à 40 akṣ. D.-rel. (Sanscrit Dév. 217.)

732

Rāghavapāṇḍavīyaṭīkā, par Viçvanātha.

Commentaire sur le *Rāghavapāṇḍavīya.*

XVIIIe siècle? Écriture bengalie. Papier indien, 410 × 78 mm., 70 pages, 8 à 10 l., 50 à 60 akṣ. D.-rel. (Sanscrit Bengali 108.)

733

Rāghavapāṇḍavīya, par Kavirāja.

XVIIIe siècle? Écriture bengalie. Papier indien, 410 × 90 mm., 129 pages, 5 à 6 l., 45 à 55 akṣ. D.-rel. (Sanscrit Bengali 107.)

734

I. *Rāmakṛṣṇakāvya*, texte et commentaire par Sūrya Paṇḍita.

II. *Çṛṅgāravairāgyamuktāvalī*, par Somanātha.

1844. Écriture nāgarī. Papier indien, 202 × 160 mm., 40 pages, 12 à 13 l., 29 à 32 akṣ. D.-rel. (Sanscrit Dév. 260. — Ch. d'Ochoa.)

735

Rāmāṣṭaka.

XVIIIe siècle? Écriture nāgarī. Papier indien, rouleau de 925 × 52 mm., 58 l., 8 à 10 akṣ. 10 fig. D.-rel. (Sanscrit Dév. 308.)

736

Lalitamādhava, par Rūpa Gosvāmin.

XVIIIe siècle. Écriture bengalie. Papier indien, 440 × 48 mm., 69 p., 8 à 15 l., 45 à 50 akṣ. D.-rel. (Sanscrit Bengali 120.)

737

Vakroktipañcāçatikā.

XIXe siècle. Écriture kāçmīrī. Papier indien, 270 × 150 mm., 17 pages, 13 à 14 l., 20 à 30 akṣ. D.-rel. (Sanscrit Dév. 368.)

738

Viçvaguṇādarça, par Veṅkaṭa.

Description poétique du Dekkan.

XIXe siècle. Écriture grantha. 110 olles de 352 × 30 mm., 5 l., 50 à 60 akṣ. (Sanscrit Grantha 25.)

739

Veṇīsaṃhāra, par Nārāyaṇa Bhaṭṭa.

1573? Écriture bengalie. 77 olles de 375 × 40 mm., 4 à 5 l., 50 à 60 akṣ. (Sanscrit Bengali 109.)

740

I. *Vaiṣṇavavandanā.*

II. *Caitanyacarita*, par Kṛṣṇadāsa.

III. Fragment d'un ouvrage médical, par Cakrapāṇi-(datta), suivi de nombre de fragments indéterminés.

XVIIIe siècle Écriture bengalie. Papier indien, 350 à 375 × 120 mm., 646 pages, 9 à 12 l., 30 à 50 akṣ. D.-rel. (Sanscrit Bengali 281-286. — Guérin, 45, 49-52 [2].)

741

Vṛttivārttika, par Appaya Dīkṣita.

Les deux premiers chapitres.

XVIIIe siècle. Écriture nāgarī. Papier indien, 250 × 118 mm., 38 pages, 10 l., 40 à 42 akṣ. D.-rel. (Sanscrit Dév. 233.)

742

Vyāsaçataka.

Avec un commentaire singhalais.

XVIIIe siècle. Écriture singhalaise. 32 olles de 282 × 42 mm., 6 à 7 l., 35 à 45 akṣ. (Sanscrit Singhalais 2. — Burnouf 68.)

743

Vyāsaçataka.

XVIIIe siècle. Écriture singalaise. 19 olles de 360 × 47 mm., 7 l., 40 à 50 akṣ. (Sanscrit Singhalais 3.)

744

I. *Çiçupālavadha* ou *Māghakāvya*, par Māgha.

II. *Anaṅgaraṅga*, par Kalyāṇamalla.

1822. Écriture nāgarī. Papier indien, 200 à 233 × 123 à 135 mm., 63 pages, 9 à 12 l., 25 à 40 akṣ. D.-rel. (Sanscrit Dév. 309.)

745

Çiçupālavadha, par Māgha.

Avec le commentaire de Vallabhadeva, fils d'Ānandadeva.

1543? Écriture nāgarī. Papier indien, 250 × 110 mm., 591 pages, 17 à 18 l., 45 à 52 akṣ. D.-rel. (Sanscrit Dév. 367.)

746

Çiçupālavadha, par Māgha.

1530. Écriture bengalie. Papier indien, 340 × 55 mm., 263 pages, 4 l., 60 à 70 akṣ. D.-rel. (Sanscrit Bengali 146).

747

Çiçupālavadha, par Māgha.

XVIIIe siècle? Écriture grantha. 45 olles de 355 × 28 mm., 5 l., 40 à 50 akṣ. (Sanscrit Grantha 107.)

748

Çiçupālavadha, par Māgha.

1er sarga.

XVIIIe siècle. Écriture grantha. 23 olles de 430 × 35 mm., 7 l., 80 à 75 akṣ. (Sanscrit Grantha 106.)

749

I. *Çṛṅgāradīpikā*.
II. *Dānamuktāvalī*. — Fragment.
III. *Çṛṅgāradīpikā*.

XVIIIe siècle. Écriture nagra. 230 olles de 420 × 40 mm., 7 l., 50 à 60 akṣ. (Sanscrit Nagra 24.)

750

Saṃgītadāmodara.

XVIIIe siècle. Écriture bengalie. Papier indien, 410 × 80 mm., 133 pages, 6 à 7 l., 50 à 60 akṣ. D.-rel. (Sanscrit Bengali 155.)

751

Sāhityadarpaṇa, par Viçvanātha Bhaṭṭa.

XVIIe siècle? Écriture bengalie. 118 olles de 395 × 60 mm., 6 l., 2 col., 30 à 35 akṣ. (Sanscrit Bengali 104.)

752

Subhāṣitāvalī.

XVIIIe siècle. Écriture kāçmīrī. Papier indien, 165 × 170 mm, 98 pages, 12 à 14 l., 24 à 28 akṣ. D.-rel. (Sanscrit Dév. 413.)

753

Sūrya-çataka, par Mayūra.

XVIIIe siècle. Écriture nāgarī. Papier indien, 168 × 97 mm., 65 pages, 7 l., 15 à 18 akṣ. Rel. veau. (Sanscrit Dév. 21.)

754

Saundaryalaharīstotra (= *Ānandalaharīstotra*), par Çaṅkara Ācārya.

Avec un commentaire intitulé *Saubhāgyavardhinī* de Kaivalyāçrama.

1780. Écriture nāgarī. Papier indien, 340 × 150 mm., 63 pages, 3 à 17 l., 43 à 60 akṣ. Rel. veau. (Sanscrit Dév. 18.)

755

Stutikusumāñjali, par Jagaddhara Bhaṭṭa.

XVIIIe siècle. Écriture nāgarī. Papier indien, 192 × 115 mm., 506 pages, 22 à 26 akṣ., 2 miniatures. Rel. or. (Sanscrit Dév. 19. — Hamilton, 19.)

756

Smaradīpikā, par Mīnanātha.

XIXe siècle. Écriture bengalie. Papier indien, 255 × 90 mm., 18 pages, 5 l., 25 à 30 akṣ. Rel. veau. (Sanscrit Bengali 180.)

757

Haracaritacintāmaṇi, par Jayadratha.

XVIIIe siècle. Écriture nāgarī. Papier indien, 243 × 208 mm., 227 pages, 20 l., 25 à 27 akṣ. Rel. veau. (Sanscrit Dév. 28.)

758

Harṣacarita, par Bāṇa.

1862. Écriture nāgarī. Papier européen, 340 × 210 mm., 169 pages, 14 à 17 l., 50 à 52 akṣ. D.-rel. (Sanscrit Dév. 279.)

759

Hāsyārṇavaprahasana, par Jagadīçvara Bhaṭṭācārya.

XVIIIe siècle. Écriture bengalie. Papier indien, 380 × 75 mm., 50 pages, 4 à 6 l., 42 à 46 akṣ. D.-rel. (Sanscrit Bengali 119.)

760

Hitopadeça, par Nārāyaṇa.

1696. Écriture bengalie. Papier indien. 375 × 120 mm., 10 à 11 l., 40 à 50 akṣ. D.-rel. (Sanscrit Bengali 141 B.)

761

Abhijñānaçakuntalā.

XVIIIe siècle? Écriture grantha. 41 olles de 430 × 32 mm., 4 à 9 l., 50 à 60 akṣ. (Sanscrit Grantha 113.)

762

Jānakīpariṇaya, recension de Dāmodara.

1er acte du *Mahānāṭaka.*

XIXe siècle. Écriture nāgarī. Papier européen, 200 × 255 mm., 12 pages, 16 à 18 l., 25 à 32 akṣ. D.-rel. (Sanscrit Dév. 273.)

763

Jānakīsvayaṃvara, comme ci-dessus.

XVIIIe siècle. Écriture nāgarī. Papier indien, 225 × 122 mm., 16 pages, 11 à 13 l., 27 à 30 akṣ. Rel. veau. (Sanscrit Dév. 29.)

764

Prabodhacandrodaya, par Kṛṣṇamiçra.

Incomplet.

XVIIIe siècle. Écriture nāgarī. Papier indien, 233 × 100 mm., 24 pages, 13 à 19 l., 32 à 42 akṣ. D.-rel. (Sanscrit Dév. 236.)

765

Prabodhacandrodaya, par Kṛṣṇamiçra.

XIXe siècle. Écriture kāçmīrī. Papier indien, 190 × 260 mm., 136 pages, 13 à 16 l., 13 à 20 akṣ. D.-rel. (Sanscrit Dév. 370.)

766

Prasannarāghava, par Jayadeva.

XIXe siècle. Écriture grantha. 106 olles de 357 × 37 mm., 6 l., 50 à 55 akṣ. (Sanscrit Grantha 21.)

767

Bālarāmāyaṇa.

XVIIIe siècle. Écriture telinga. 13 olles de 455 × 30 mm., 5 l., 30 à 35 akṣ. (Sanscrit Telinga 35. — Ancien Burnouf, 63.)

768

Mallikāmāruta, par Uddaṇḍaraṅganātha.

XVIIIe siècle. Écriture grantha. 52 olles de 490 × 42 mm., 7 à 9 l., 70 à 80 akṣ. (Sanscrit Grantha 114.)

769

Mahānāṭaka, ou *Hanumannāṭaka.*

Incomplet.

XVIIIe siècle? Écriture kāçmīrī. Papier indien, 170 × 120 mm., 122 pages, 12 à 14 l., 30 à 34 akṣ. D.-rel. (Sanscrit Dév. 371.)

770

Çakuntalā, par Kālidāsa.

XIXe siècle. Écriture grantha. 129 olles de 355 × 350 mm., 5 l., 50 à 60 akṣ. (Sanscrit Grantha 20.)

771

Saṃgīta-darpaṇa, par Dāmodara, fils de Lakṣmīdhara.

1648. Écriture nāgarī. Papier indien, 163 × 228 mm., 23 l., 16 à 18 akṣ. D.-rel. (Sanscrit Dév. 281.)

772

Saṃgītaratnākara, par Çārṅgadeva.

Incomplet.

XIXe siècle. Écriture nāgarī. Papier européen, 157 × 200 mm., 261 pages, 17 l., 10 à 23 akṣ. (Burnouf, 51.)

773

Pañcatantra.

XVIIIe siècle. Écriture grantha. 143 olles de 295 × 32 mm., 5 l., 35 à 40 akṣ. (Sanscrit Grantha 18.)

774

Hitopadeça (1re section, *Mitralābha*).

Copie exécutée par Auguste Loiseleur-Deslongchamps.

1825? Écriture nāgarī. Papier européen, 213 × 280 mm., 101 pages, 20 l., 10 à 30 akṣ. Rel. veau (Sanscrit Dév. 71.)

775

Vetālapañcaviṃçatikā.

Extrait.

XIXe siècle. Écriture nāgarī. Papier indien, 180 × 75 mm., 16 pages, 7 l., 24 a 26 akṣ. D.-rel. (Sanscrit Dév. 305.)

776

Siṃhāsanadvātriṃçikā.

XIXe siècle? Écriture kāçmīrī. Papier indien, 180 × 130 mm., 101 pages, 15 à 18 l., 28 à 32 akṣ. D.-rel. (Sanscrit Dév. 412. — Senart, 35.)

777

Hitopadeça.

Texte de Wilkins, avec les variantes du ms. 760. — Copie exécutée par Loiseleur-Deslongchamps.

XIXe siècle. Écriture nāgarī. Papier européen, 135 × 210 mm., 52 pages, 17 l., 15 à 18 akṣ. D.-rel. (Sanscrit Dév. 283.)

778

Hitopadeça.

Copie exécutée par Auguste Loiseleur-Deslongchamps, avec les variantes du ms. 760.

1826. Écriture nāgarī Papier européen, 218 × 293 mm., 180 pages, 20 l., 15 à 30 akṣ. D.-rel. (Sanscrit Dév. 70.)

779

I. *Arkavivāha.*

II. *Tantrasāroktasamprokṣaṇavidhi.* — Fragment.

III. *Piṇḍubhañjanaçānti.*

XVIIIe siècle. Écriture nagra. 65 olles de 385 × 30 mm., 6 l., 35 à 45 akṣ. (Sanscrit Nagra 30.)

780

I. *Āhnikatattva.*

Chapitre du *Smṛtitattva* de Raghunandana Bhaṭṭācārya.

II. *Āhnikaprayogatattva.*

XVIIIe siècle. Écriture bengalie. Papier indien, 380 × 87 mm., 225 p., 6 l., 50 à 60 akṣ. D.-rel. (Sanscrit Bengali 76.)

781

Āhnikatattva, par Raghunandana.

XVIIIe siècle. Écriture bengalie. Papier indien, 400 × 47 mm., 215 p., 6 l., 50 à 60 akṣ. D.-rel. (Sanscrit Bengali 231.)

782

I. *Udvāhatattva*, ou *Vivāhatattva.*

II. *Vyavahāratattva.*

III. *Saṃskāratattva.*

Trois chapitres du *Smṛtitattva* de Raghunandana.

XVIIIe siècle. Écriture bengalie. Papier indien, 380 × 88 mm., 244 p., 6 l., 52 à 56 akṣ. D.-rel. (Sanscrit Bengali 75.)

783

I. *Ṛṣipañcamīvrata.*

II. *Kumārasaṃbhava*, par Kālidāsa.

XVIIIe siècle. Écriture nāgarī. Papier indien, 330 × 115 mm., 100 pages, 9 à 12 l., 20 à 40 akṣ. D.-rel. (Sanscrit Dév. 417-418.)

784

I. *Ekādaçīvratatattva.*

II. *Janmāṣṭamītattva.*

Deux chapitres du *Smṛtitattva*, de Raghunandana.

XVIIIe siècle? Écriture bengalie. Papier indien, 350 × 80mm., 193 pages, 6 l., 40 à 44 akṣ. Rel. veau. (Sanscrit Bengali 73.)

785

Kālamādhavadharmaçāstra.

Calqué sur le ms. Chambers 240 de la Bibliothèque royale de Berlin (s. d.). Écriture nāgarī. Papier européen 285 × 130 mm., 278 pages, 6 à 12 l., 40 à 50 akṣ. Rel. maroquin. (Sanscrit Dév. 225.)

786

I. *Kāçmīrikakarmakāṇḍapaddhati.*

II. *Kāçmīrikakarmakāṇḍapaddhatisaṃgraha.*

XVIIIe siècle? Écriture kāçmīrī. Papier indien, 140 × 90 mm., 262 pages, 7 à 15 l., 20 à 24 akṣ. D.-rel. (Sanscrit Dév. 390-391.)

787

I. *Kṛtyatattva.*

II. *Grahayajñatattva.*

III. *Vāstuyāgatattva.*

Trois chapitres du *Smṛtitattva* de Raghunandana.

1652? Écriture bengalie. Papier indien, 380 × 90 mm., 128 pages, 6 l., 45 à 55 akṣ. D.-rel. (Sanscrit Bengali 74.)

788

Kṛtyaratnākara, par Caṇḍeçvara.

1570. Écriture bengalie. 247 olles de 255 × 58 mm. 6 l., 50 à 60 akṣ. (Sanscrit Bengali 150.)

789

Garbhādhānavidhi.

Et plusieurs autres fragments.

XVIII° siècle. Écriture nagra. 44 olles de 410 à 420 × 25 à 40 mm., 5 à 7 l., 35 à 50 akṣ. (Sanscrit Nagra 22 I-XI.)

790

I. *Garbhiṇīsaṃskāra.*

II. *Ṣaḍaçīti.*

XVIII° siècle. Écriture nagra. 45 olles de 400 × 35 mm., 5 l., 40 à 50 akṣ. (Sanscrit Nagra 17.)

791

I. *Janmatithitattva.*

Chapitre du *Smṛtitattva*, de Raghunandana.

II. *Bhāsvatī*, par Çatānanda.

III. *Sūryasiddhāntarahasya*, par Rāghava Çarman.

XIX° siècle. Écriture bengalie. Papier indien, 375 × 125 mm., 194 pages, 6 à 12 l., 45 à 50 akṣ. D.-rel. (Sanscrit Bengali 200. — Guérin, 42, 51, 58.)

792-794

(*Jayasiṃha*) *Kalpadruma*, par Pauṇḍarīkayājī Ratnākara.

En 3 volumes.

XVIII° siècle? Écriture nāgarī. Papier indien, I, 387 × 178 mm., 455 pages; II, 385 × 178 mm., 369 pages; III, 380 × 170 mm., 269 pages, 15 l., 50 à 60 akṣ. D.-rel. (Sanscrit Dév. 54. — Polier, 1 A-C.)

795

I. *Jalāçayotsarga.*

II. *Dāyatattva.*

III. *Dvādaçayātrātattva.*

IV. *Malamāsatattva.*

V. *Çrāddhatattva.*

Cinq chapitres du *Smṛtitattva* de Raghunandana.

XVIIIe siècle. Écriture bengalie. Papier indien, 340 à 480 × 80 à 90 mm., 404 pages, 4 à 9 l., 45 à 55 akṣ. D.-rel. (Sanscrit Bengali 230.)

796

Jyotistattva.

Chapitre du *Smṛtitattva* de Raghunandana.

XVIIIe siècle. Écriture bengalie. Papier indien, 420 × 65 mm., 196 p., 6 à 8 l., 70 à 78 akṣ. (Sanscrit Bengali 232.)

797

Jyotistattva.

Chapitre du *Smṛititattva*, de Raghunandana.

1684. Écriture bengalie. Papier indien, 400 × 80 mm., 251 pages, 6 l., 45 à 52 akṣ. D.-rel. (Sanscrit Bengali 78.)

798

I. *Tithitattva.*

II. *Malamāsatattva.*

Deux chapitres du *Smṛtitattva* de Raghunandana.

III. *Çrāddhacintāmaṇi*, par Vācaspatimiçra.

XVIIIe siècle ? Écriture bengalie. Papier indien, 370 × 80 mm., 350 pages, 7 à 8 l., 45 à 55 akṣ. D.-rel. (Sanscrit Bengali 77.)

799

Tithitattva, par Raghunandana, et divers fragments.

XVIIe siècle ? Écriture bengalie. 37 olles de 382 × 35 mm., 45 à 55 akṣ. (Sanscrit Bengali 177.)

800

Tithinirṇaya.

Commentaire sur le *Tithitattva*, de Raghunandana, par Gopāla Nyāyapañcānana Bhaṭṭācārya. — Ms. très maculé.

1613. Écriture bengalie. 67 olles de 370 × 35 mm., 4 à 5 l., 80 à 90 akṣ. (Sanscrit Bengali 84.)

801

Dāyabhāga, partie du *Dharmaratna* de Jīmūtavāhana.

XVIIIe siècle. Écriture nāgarī. Papier indien, 330 × 120 mm., 60 pages, 8 à 13 l., 46 à 48 akṣ. D.-rel. (Sanscrit Dév. 237.)

802

I. *Dāyabhāgatattva.*

II. *Prāyaçcittatattva.*

III. *Divyatattva.*

Trois chapitres du *Smṛtitattva*, de Raghunandana Bhaṭṭācārya.

XVIIe siècle. Écriture bengalie. Papier indien, 370 × 85 mm., 262 pages, 6 l., 42 à 50 akṣ. Rel. veau. (Sanscrit Bengali 89.)

803

Dharmaçāstravacana(?).

XVIIIe siècle? Écriture grantha. 48 olles de 320 à 400 × 25 mm., 5 l., 40 à 50 akṣ. (Sanscrit Grantha 112.)

804

Parabhūkathā.

XVIIIe siècle. Écriture nāgarī. Papier indien, 245 × 105 mm., 36 pages, 8 à 10 l., 28 à 30 akṣ. D.-rel. (Sanscrit Dév. 254.)

805

Prāyaçcitatattva.

Chapitre du *Smṛtitattva* de Raghunandana.

XVIIIe siècle. Écriture bengalie. 95 olles de 390 × 35 mm., 4 l., 2 col., 60 à 55 akṣ. (Sanscrit Bengali 233.)

806

Prāyaçcittaviveka, par Çūlapāṇi.

1723. Écriture bengalie. 111 olles de 440 × 52 mm., 9 l., 90 à 100 akṣ. (Sanscrit Bengali 175.)

807

I. *Pravarakhaṇḍa* (?).
II. *Vilaṅghyalakṣaṇa*, par Nārāyaṇa.

XVIIIe siècle. Écriture grantha. 111 olles de 350 à 410 × 35 mm., 5 à 8 l., 45 à 60 akṣ. (Sanscrit Grantha 60.)

808

I. *Bṛhaspatismṛti*.
II. *Vasiṣṭhasaṃhitā*.
III. *Viṣṇusmṛti*.
IV. *Vṛddhahārītasmṛti*.
V. *Hārītasmṛti*.

XIXe siècle. Écriture grantha. 124 olles de 405 × 30 mm., 6 à 7 l., 55 à 60 akṣ. (Sanscrit Grantha 5.)

809

Mānavadharmaçāstra et *Manvarthacandrikā*, par Rāghavānanda Sarasvatī.

Les feuillets 10-12 manquent.

1650. Écriture nāgarī. Papier indien, 242 × 100 mm., 497 pages, 10 à 15 l., 39 à 54 akṣ. Rel. veau. (Sanscrit Dév. 49. — Anquetil, 16.)

810

Mānavadharmaçāstra.

XVIIe siècle? Écriture bengalie. Papier indien, 340 × 80 mm., 283 p., 6 l., 40 à 50 akṣ. D.-rel. (Sanscrit Bengali 169.)

811

Mānavadharmaçāstra.

Les olles 8, 21, 25 manquent.

1492. Écriture bengalie. 135 olles de 350 × 60 mm., 5 l., 50 à 60 akṣ. (Sanscrit Bengali 234.)

812

Index de tous les commencements de vers du *Mânava-dharma-çāstra*, par Ronel; septembre 1871.

1871. Papier européen, 200 × 240 mm., 96 pages, 30 l. D.-rel. (Sanscrit Dév. 345.)

813

« *Lois de Manou. Index fait sur l'édition et traduction, de Loiseleur-Deslongchamps*, [par] Ph.-Ed. Foucaux. Paris, 1867. »

1867. Papier européen, 200 × 300 mm., 290 pages, env. 23 l. D.-rel. (Sanscrit Dév. 344.)

814

Mitākṣarā, par Bālambhaṭṭa.

Commentaire sur le *Vyavahārakāṇḍa*.

1866. Écriture nāgarī. Papier européen, 330 × 105 mm., 863 pages, 7 l., 50 à 52 akṣ. D.-rel. (Sanscrit Dév. 276.)

815

I. (*Ṛju*)*mitāksarā*, par Vijñaneçvara.

Commentaire du *Dharmaçāstra*, de Yājñavalkya.

II. *Vyavahāranirṇaya*, par Varadarāja.

XIXe siècle. Écriture grantha. 280 olles de 375 × 35 mm., 6 à 7 l., 55 à 60 akṣ. (Sanscrit Grantha 3)

816

(*Ṛju*)*mitākṣara*, par Vijñāneçvara.

Commentaire du *Dharmaçāstra* de Yājñavalkya.

XVIIIe siècle. Écriture grantha. 201 olles de 295 × 30 mm., 6 à 7 l., 55 à 60 akṣ. (Sanscrit Grantha 4.)

817

Yājñavalkyadharmaçāstra.

XVIIIe siècle? Écriture bengalie. Papier indien, 350 × 60 mm., 197 pages, 5 l., 20 à 45 akṣ. D.-rel. (Sanscrit Bengali 162.)

818

I. *Varṇāçramadharmanirūpaṇa*, par Vaidyanātha Dīkṣita.

II. *Smṛtimuktāphala* (*Prāyaçcitta*), par Vaidyanātha Dīkṣita.

XVIIIe siècle. Écriture grantha. 367 olles de 380 × 35 mm., 7 l., 60 à 70 akṣ. (Sanscrit Grantha 6.)

819

Vāstuyāgatattva, par Raghunandana.

XVIIe siècle. Écriture bengalie. 44 olles de 425 × 40 mm., 4 l., 60 à 70 akṣ. (Sanscrit Bengali 144 B.)

820

Vivadācintāmaṇi, par Vācaspatimiçra.

1532. Écriture bengalie. 124 olles de 360 × 45 mm., 5 l., 60 à 70 akṣ. (Sanscrit Bengali 131.)

821

Vivādanirṇaya, par Gopāla Nyāyapañcānana Bhaṭṭācārya.

1670. Écriture bengalie. 36 olles de 400 × 35 mm., 4 à 5 l., 50 à 60 akṣ. (Sanscrit Bengali 124.)

822

I. *Vivāhakārikāḥ* (?).
II. *Vivāhatattva.*

XVIIIe siècle. Écriture nagra. 40 olles de 410 × 50 mm., 7 à 10 l., 45 à 55 akṣ. (Sanscrit Nagra 21.)

823

Viçesa (?).

XVIIIe siècle. Écriture nagra. 20 olles de 420 × 37 mm., 7 l., 50 à 60 akṣ. (Sanscrit Nagra 19.)

824

Vṛṣotsargatattva, par Raghunandana.

Les olles 4-8 manquent.

XVIIe siècle. Écriture bengalie. 14 olles de 380 × 45 mm., 4 l., 70 à 80 akṣ. (Sanscrit Bengali 68.)

825

Vṛṣotsargatattva, par Raghunandana.

XVIIe siècle. Écriture bengalie. 58 olles de 370 × 38 mm., 3 à 4 l., 70 à 75 akṣ. (Sanscrit Bengali 72.)

826

Vaiçākhamāsavrata (?).

XIXe siècle. Écriture grantha. 17 olles de 425 × 42 mm., 9 à 11 l., 75 à 90 akṣ. (Sanscrit Grantha 128.)

827

Vratapratiṣṭhā, par Raghunatha.

XVIIIe siècle? Écriture bengalie. Papier indien, 380 × 95 mm., 155 pages, 6 l., 50 à 58 akṣ. Rel. veau. (Sanscrit Bengali 39.)

828

Vrata-rāja.

XIXe siècle. Écriture nāgarī. Papier européen, 230 × 115 mm., 75 pages, 8 à 9 l., 28 à 31 akṣ. D.-rel. (Burnouf, 31.)

829

Çāntimayūkha, 12e partie du *Bhagavantabhāskara* de Nīlakaṇṭha.

XVIIIe siècle. Écriture nāgarī. Papier indien, 335 × 150 mm., 181 pages, 12 l., 46 à 50 akṣ. D.-rel. (Sanscrit Dév. 266. — Ch. d'Ochoa.)

830

Çikhariṇīmālā ou *Çivatattvaviveka*, par Appaya Dīkṣita.

XIXe siècle. Écriture grantha. 242 olles de 380 × 25 mm., 5 l., 60 à 65 akṣ. (Sanscrit Grantha 53.)

831

Çivajñānabodha.

XVIIe siècle. Écriture grantha. 4 olles de 285 × 55 mm., 15 à 16 l., 60 à 65 akṣ. (Sanscrit Grantha 23.)

832

Çivatattvavivekabhāṣya.

XVIIIe siècle. Écriture telinga. 116 olles de 450 × 35 mm., 7 l., 45 à 50 akṣ. (Sanscrit Telinga 18.)

833

Çuddhitattva, chapitre du *Smṛtitattva* de Raghunandana Bhaṭṭācārya.

XVIIIe siècle? Écriture bengalie. Papier indien, 350 × 85 mm., 217 pages, 6 l., 40 à 50 akṣ. D.-rel. (Sanscrit Bengali 79.)

834

Çuddhidīpikā, par Çrīnivāsa.

1725. Écriture bengalie. 54 olles de 380 × 40 mm., 65 à 72 akṣ. (Sanscrit Bengali 106.)

835

I. *Çaivatattvaprakāça*.
II. *Pāramparyaprakaraṇa*(?).

XVIIIe siècle. Écriture grantha. 53 olles de 350 × 35 mm., 5 l., 30 à 40 akṣ. (Sanscrit Grantha 24.)

836

Çrāddhaprayogatattva, par Raghunandana.

XVIIe siècle. Écriture bengalie. 38 olles de 420 × 45 mm., 3 à 5 l., 70 à 75 akṣ. (Sanscrit Bengali 88.)

837

Çrāddhaviveka, par Rudradhara.
Le 1er feuillet manque.

1754. Écriture nāgarī. Papier indien, 270 × 120 mm., 321 pages, 7 l., 37 à 40 akṣ. Rel. veau. (Sanscrit Dév. 42.)

838

Çrāddhavivekasaṃgraha.

1459? Écriture bengalie. Papier indien, 300 × 70 mm., 272 pages, 6 à 8 l., 45 à 55 akṣ. D.-rel. (Sanscrit Bengali 67.)

839

Çrāddhatattva, par Raghunandana Bhaṭṭācārya.

XVIIIe siècle? Écriture bengalie. Papier indien, 400 × 90 mm., 227 pages, 6 l., 33 à 70 akṣ. D.-rel. (Sanscrit Bengali 71.)

840

Samayapradīpa, par Çrīdatta.

Incomplet.

XVIIIe siècle. Écriture nāgari. Papier indien, 240 × 98 mm., 80 pages, 5 l., 32 à 34 akṣ. Rel. veau. (Sanscrit Dév. 23.)

841

Subodhinī, par Viçveçvara.

Sur le *Vyavahārādhyāya* de la *Mitākṣārā*.

1866. Écriture nāgarī. Papier européen, 326 × 135 mm., 199 pages, 9 l., 60 à 62 akṣ. D.-rel. (Sanscrit Dév. 275. — Ch. d'Ochoa.)

842

Smṛti.

Note de la main de Burnouf : « Collection de Smrĭtis ou de recueils de lois Vichṇu, Bharadvâdja, Brĭhaspati, Dakcha, Yama, Likhita, Amĝira, Nârada, Yadjñavalkya, en sanscrit et en caractères telingas... »

XVIIIe siècle. Écriture telinga. 77 olles de 420 × 30 mm., 7 l., 40 à 45 akṣ. (Sanscrit Telinga 38. — Burnouf, 66.)

843-844

Smṛticandrikā, par Somayāji.

En deux volumes.

XVIIIe siècle. Écriture grantha. 711 olles de 225 × 35 mm., 7 l., 45 à 50 akṣ. (Sanscrit Grantha 8 et 9.)

845

Smṛtigrantha.

XIXe siècle. Écriture bengalie. Papier européen, 485 × 120 mm., 73 pages, 8 à 12 l., 75 à 85 akṣ. D.-rel. (Sanscrit Bengali 229.)

846

Smṛticandrikā (*Vyavahāra*).

Fragment.

XIXe siècle. Écriture grantha. 154 olles de 295 × 30 mm., 6 l., 35 à 40 akṣ. (Sanscrit Grantha 10.)

847

Smṛtimuktāphala, 1re partie du *Varṇāçramadharmanirūpaṇa*.

XVIIIe siècle. Écriture grantha. 274 olles de 285 × 35 mm., 6 à 8 l., 45 à 50 akṣ. (Sanscrit Grantha 7.)

848

Hayaçīrṣapañcarātra.

XVIIe siècle? Écriture bengalie. 126 olles de 375 × 55 mm., 6 l., 60 à 70 akṣ. (Sanscrit Bengali 10.)

849

Traité sur les successions.

XVIIIe siècle. Écriture bengalie. 5 olles de 500 × 58 mm., 6 l., 90 à 100 akṣ. (Sanscrit Bengali 209.)

850

Advaitadīpikā, par Nṛsiṃhāçrama.

XVIIIe siècle. Écriture telinga. 181 olles de 555 × 35 mm., 6 à 7 l., 55 à 65 akṣ. (Sanscrit Telinga 28.)

851

I. *Adhyātmopadeçavidhi*, par Çaṅkarācārya.

Commentaire sur l'*Ātmabodha*.

II. *Bālabodhanī*, par Çaṅkarācārya.

XVIIIe siècle. Écriture bengalie. Papier indien, 330 × 90 mm., 22 pages, 9 l., 40 à 50 akṣ. Rel. veau. (Sanscrit Bengali 159 B-C.)

852

Anumānacintāmaṇi.

XVIIIe siècle? Écriture bengalie. 100 olles de 472 × 48 mm., 4 à 5 l., 50 à 60 akṣ. (Sanscrit Bengali 235.)

853-854

Anumānaṭippaṇī, par Gadādhara.

En deux volumes.

XVIIIe siècle? Écriture bengalie. Papier indien, 480 × 95 mm., 503 p., 8 à 9 l., 60 à 75 akṣ. D.-rel. (Sanscrit Bengali 35-35 *bis*.)

855

Anumānaṭippaṇī, par Gadadhara.

Commentaire sur le *Nyāyatattvacintāmaṇi*.

XVIIIe siècle? Écriture bengalie. Papier indien, 425 × 95 mm., 217 pages, 7 l., 70 à 80 akṣ. D.-rel. (Sanscrit Bengali 37.)

856

Anumānadīdhiti, par Çiromaṇi Bhaṭṭācārya.

XVIIIe siècle? Écriture bengalie. Papier indien, 360 × 60 mm., 235 pages, 6 l., 66 à 74 akṣ. D.-rel. (Sanscrit Bengali 149.)

857

Anumānaparicchcheda (?).

XVIIIe siècle. Écriture telinga, 29 olles de 355 × 30 mm., 4 à 6 l., 45 à 50 akṣ. (Sanscrit Telinga 47.)

858

I. *Anumitilakṣaṇa.*

II. *Avayavaṭippaṇī.*

III. *Parāmarçaṭippaṇī.*

IV. *Hetvābhasā.*

XVIIIe siècle. Écriture bengalie. Papier indien, 430 × 85 mm., 266 pages, 8 l., 75 à 85 akṣ. (Sanscrit Bengali 54.)

859

Aparokṣānubhūti, par Çaṅkarācārya.

1826. Écriture nāgarī. Papier indien, 163 × 90 mm., 72 pages, 6 à 9 l., 18 à 28 akṣ. D.-rel. (Sanscrit Dév. 242. — Ch. d'Ochoa.)

860

I. *Apūrvavādarahasya*, par Mathurānātha.

II. *Ākhyātavāda*.

III. *Ākhyātavādarahasya*, par Mathurānātha.

IV. *Padārthakhaṇḍana*, par Raghunātha Çiromaṇi.

V. *Padārthakhaṇḍanaṭippanī*, par le même.

VI. *Bodhādhikāra* (?).

Incomplet.

XVIIIe siècle. Écriture bengalie. Papier indien, 415 à 490 × 70 à 80 mm., 265 pages, 5 l., 70 à 80 akṣ. D.-rel. (Sanscrit Bengali 147.)

861

I. *Abhidhāvicāra*.

II. *Devatāvādavicāra* (?) (*Devatāyā vādārthaḥ*, titre en marge des feuillets).

Sans doute fragment d'un ouvrage de Mathurānātha, auquel appartiennent aussi le *Saṃçayānumitirahasya* et le *Sāmānyalakṣaṇārahasya*, etc., placés à la suite.

III. *Prāgabhāvavicārarahasya*.

IV. *Muktivādarahasya*.

V. *Ratnakoçakāra*.

Incomplet.

VI. *Vidhivādavicāra*.

VII. *Viçiṣṭavaiçiṣṭyabodhavicārarahasya*.

VIII. *Viçiṣṭavaiçiṣṭyabadharahasya*, par Mathurānātha.

IX. *Ṣaṭkārakavivecana* tiré de la *Çabdārthasāramañjarī*, par Bhavānanda.

XVIIIe siècle. Écriture bengalie. Papier indien, 355 à 450 × 70 à 100 mm. 290 pages, 5 l., 60 à 80 akṣ. D.-rel. (Sanscrit Bengali 70.)

862

Ātmabodha, par Çaṅkarācārya.

XIXe siècle. Écriture nāgarī. Papier indien 245 × 120 mm., 25 pages, 10 à 12 l., 34 à 40 akṣ. D.-rel. (Sanscrit Dév. 241. — Ch. d'Ochoa.)

863

Īçvarapratyabhijñāvivṛti.

XIXe siècle? Écriture kāçmīrī. Papier indien, 340 × 250 mm., 49 p., 31 l., 32 à 42 akṣ. D.-rel. (Sanscrit Dév. 361.)

864

Īçvarapratyabhijñāsūtravimarçinī, par Abhinavagupta.

XVIIIe siècle? Écriture kāçmīrī. Papier indien, 260 × 200 mm., 328 pages, 10 à 14 l., 26 à 28 akṣ. D.-rel. (Sanscrit Dév. 362.)

865

Īçvarapratyabhijñāhṛdaya.

II. *Çivasūtravimarçinī.*

III. *Sadācāraprakaraṇa*, par Çaṅkarācārya.

XVIIIe siècle. Écriture kāçmīrī. Papier indien, 195 × 145 mm., 255 pages, 12 à 15 l., 12 à 16 akṣ. D.-rel. (Sanscrit Dév. 360.)

866

I. *Uttarabhāsvatī.*

II. *Jātakārṇava.*
III. *Bhāsvatī*, par Çatānanda.
IV. *Siddhāntamañjarī*, par Mathurānātha.

XIXe siècle. Écriture bengalie. Papier européen, 160 X 210 mm., 72 pages, 15 à 18 l., 15 à 25 akṣ. D.-rel. (Sanscrit Bengali 181.)

867

I. *Kādambarī*, par Bāna.
II. *Kāvyaprakāçaṭīkā*, par Mammaṭa et Alaka.

Avec le commentaire (*Sāhityadīpikā*) de Bhāskaramiçra.

XVIIIe siècle? Écriture kāçmīrī. Papier indien, 160 X 240 mm., 105 pages, 17 à 19 l., 20 à 22 akṣ. D.-rel. (Sanscrit Dév. 388-389.)

868

Kiraṇāvalī, par Udayanācārya.

Traité sur le commentaire de Praçastapāda sur le *Vaiçeṣika-sūtra*.

1856. Écriture kāçmīrī. Papier indien, 300 X 230 mm., 164 pages, 15 à 18 l., 20 à 25 akṣ. D.-rel. (Sanscrit Dév. 364.)

869

Kiraṇāvalī, par Udayanācārya.

XVIIe siècle. Écriture bengalie. 86 olles de 270 X 45 mm., 6 l., 2 col., 50 à 60 akṣ. (Sanscrit Bengali 49.)

870

Kiraṇāvalī, par Udayanācārya.

Fragment.

XIXe siècle. Écriture kāçmīrī. Papier indien, 180 X 265 mm., 138 pages, 12 à 18 l., 20 à 23 akṣ. D.-rel. (Sanscrit Dév. 392.)

871

Kusumāñjali, par Udayanācārya.

XVIIe siècle. Écriture bengalie. Papier indien, 1. 370 × 65 mm.; 2. 410 × 70 mm., 350 pages, 5 l., 65 à 72 akṣ. Rel. veau. (Sanscrit Bengali 50.)

872

I. *Kriyābhedakādimīmāṃsāsūtra.*

II-III. *Mīmāṃsāsūtra.*

XVIIIe siècle. Écriture bengalie. Papier indien, 215 × 75 mm., 50 pages 5 l., 25 à 30 akṣ. D.-rel. (Sanscrit Bengali 136.)

873

Guṇakiraṇāvalīṭīkā, par Vardhamāna.

Commentaire sur la *Kiraṇāvalī*.

XVIIe siècle. Écriture bengalie. 104 olles de 380 × 55 mm., 6 l., 65 à 75 akṣ. (Sanscrit Bengali 52.)

874

I. *Guṇabhāṣya.*

II. *Nyāyabhāṣya.*

III. *Padārthatattvanirṇaya.*

Commentaire de Jagadīça sur le *Praçastapādabhāṣya.*

XVIIe siècle. Écriture bengalie. Papier indien, 345 × 65 mm., 119 pages, 4 l., 36 à 42 akṣ. Rel. veau. (Sanscrit Bengali 91.)

875

Caturdaçalakṣaṇī, par Gadādhara.

XVIIIe siècle. Écriture grantha. 145 olles de 450 × 35 mm., 5 l., 75 à 85 akṣ. (Sanscrit Grantha 65.)

876

I. *Jīvātmaparamātmasaṃvāda.*
II. *Jīvaprabheda* (?).

XVIIIe siècle Écriture telinga. 53 olles de 445 × 35 mm., 6 l., 50 à 55 akṣ. (Sanscrit Telinga 22.)

877

Jaiminisūtra.

1838. Écriture nāgarī. Papier européen, 200 × 315 mm., 53 pages 24 l., 30 à 33 akṣ. D.-rel. (Burnouf, 35.)

878

Jaiminisūtra oder Jaimini's Aphorismen über die Mimansa Philosophie.

XIXe siècle. Calque, exécuté en Allemagne, d'un ms. en écriture nāgarī, écrit en 1760. Papier européen, 395 × 128 mm., 80 pages, 9 l., 54 à 58 akṣ. Rel. mar. (Burnouf, 36.)

879

Jaiminīyanyāyamālāvistara, par Mādhava.

XIXe siècle? Écriture nāgarī. Papier européen, 195 × 325 mm., 665 pages, 21 l., 23 à 26 akṣ. D.-rel. (Burnouf, 34.)

880

Tattvacintāmaṇi, par Gaṅgeçvara.

1523. Écriture bengalie. 98 olles de 370 × 45 mm., 5 l., 2 col., 70 à 80 akṣ. (Sanscrit Bengali 28.)

881

Tattvadīpana.

Commentaire de la *Pañcapādikā.*

XVIIIe siècle. Écriture nāgarī. Papier indien, 206 pages, 8 à 9 l., 35 à 53 akṣ. Rel. mar. (Sanscrit Dév. 60. — Polier, 5.)

882

Tattvabodha, attribué à Vāsudevendra.

Suivi de la transcription, par Ed. Foucaux, de l'édition du même ouvrage, lithographiée à Bombay en 1859.

XVIIIe siècle. Écriture nāgarī. Papier indien, 153 × 153 mm., 17 + 17 pages, 9 à 11 l., 12 à 18 akṣ. D.-rel. (Sanscrit Dév. 277.)

883

Tattvānusaṃdhāna.

Incomplet.

XVIIIe siècle. Écriture nāgarī. Papier indien, 282 × 105 mm., 53 pages, 9 l., 43 à 46 akṣ. Rel. mar. (Sanscrit Dév. 64. — Polier, 9.)

884

Tarkabhāṣā, par Keçavamiçra.

Incomplet.

XVIIIe siècle. Écriture bengalie. Papier indien, 370 × 75 mm., 14 pages, 7 l., 50 à 56 akṣ. D.-rel. (Sanscrit Bengali 158 B.)

885

Tarkabhāṣā, par Keçavamiçra.

XVIIIe siècle. Écriture grantha. 23 olles de 420 × 35 mm., 9 l., 65 à 70 akṣ. (Sanscrit Grantha 27.)

886

Tarkasaṃgraha, par Annambhaṭṭa.

XVIIIe siècle. Écriture telinga. 31 olles de 350 × 35 mm., 6 à 9 l., 35 à 40 akṣ. (Sanscrit Telinga 20.)

887

Daçaprakaraṇa.

Fragment et autres fragments divers.

XVIIIe siècle. Écriture nagra. 23 olles de 395 × 40 mm., 5 à 7 l., 35 à 45 akṣ. (Sanscrit Nagra 31.)

888

I. *Dinakara* (?).

Fragment.

II. *Dinakarabhaṭṭīya*.

XVIIIe siècle. Écriture grantha. 15 olles de 395 × 30 mm., 5 l., 40 à 50 akṣ. (Sanscrit Grantha 119.)

889

I. *Dinacandrikā*, par Rāghavānanda.
II. *Praçnakaumudī*.
III. *Satkṛtyamuktāvalī*, par Raghunātha Sārvabhauma Bhaṭṭācārya.
IV. *Siddhāntamañjarī*, par Mathurānātha.
V. *Siddhāntarahasya*, par Rāghavānanda.

1840. Écriture bengalie. Papier indien, 360 × 120 mm., 210 pages, 6 à 12 l., 45 à 55 akṣ. D.-rel. (Sanscrit Bengali 201. — Guérin 37-40.)

890

Dravyakiraṇāvalīprakāça, par Vardhamāna.

Commentaire sur la *Kiraṇavālī* d'Udayanācārya.

XVIIIe siècle. Écriture bengalie. Papier indien, 430 × 70 mm., 464 pages, 4 à 5 l., 45 à 65 akṣ. (Sanscrit Bengali 1.)

891

Dravyakiraṇāvalīprakāça, par Vardhamāna.

XVIIe siècle. Écriture bengalie. 105 olles de 350 × 45 mm., 5 l., 65 à 75 akṣ. (Sanscrit Bengali 53.)

892-894

I. *Nañvādaṭīkā*.

Commentaire sur le *Nañvāda* de Rahgunātha.

II. *Vyutpattirahasya.*

III. *Çaktivicāra*, ou *Çaktivāda.*

Trois ouvrages, par Gadādhara Bhaṭṭācārya.

XVIIIe siècle. Écriture bengalie. Papier indien, 418 × 72 mm., 419 pages, 5 l., 58 à 68 akṣ. Rel. veau. (Sanscrit Bengali 38.)

895-897

Nyāyatattvacintāmaṇi, par Gaṅgeça ou Gaṅgeçvara.

En 3 volumes.

XVIIIe siècle. Écriture bengalie. Papier indien, 430 × 75 mm., 865 pages, 5 l., 60 à 70 akṣ. D.-rel. (Sanscrit Bengali 26 A-C.)

898

Nyāyatattvacintāmaṇi (Commentaire sur le).

Ms. très effacé.

XVIIIe siècle. Écriture bengalie. Papier indien, 350 × 65 mm., 312 pages, 5 l., 65 à 75 akṣ. D.-rel. (Sanscrit Bengali 27.)

899

Nyāyatattvacintāmaṇi.

XVIIIe siècle. Écriture bengalie. Papier indien, 380 × 65 mm., 258 pages, 6 l., 70 à 80 akṣ. D.-rel. (Sanscrit Bengali 29.)

900

Nyāyatattvacintāmaṇi (Commentaire sur le), par Raghunātha.

XVIIIe siècle? Écriture bengalie. Papier indien, 445 × 65 mm., 405 pages, 5 l., 60 à 70 akṣ. D.-rel. (Sanscrit Bengali 30.)

901

Nyāyatattvacintāmaṇi (Commentaire sur le), par Jagadīça Bhaṭṭācārya.

XVIIIe siècle? Écriture bengalie. Papier indien, 450 × 75 mm., 425 pages, 6 à 7 l., 65 à 75 akṣ. D.-rel. (Sanscrit Bengali 31.)

902-903

Nyāyatattvacintāmaṇi, commentaire sur les deux premiers livres, par Pakṣadhara.

En deux volumes.

XVIIIe siècle. Écriture bengalie. Papier indien, I. 390 × 75 mm.; II. 410 × 80 mm., 745 pages, 5 l., 70 à 85 akṣ. D.-rel. (Sanscrit Bengali 34.)

904

Nyāyatattvacintāmaṇiprabhā, par Yajñapati.

XVIIe siècle. Écriture bengalie. 129 olles de 370 × 50 mm., 5 l., 60 à 70 akṣ. (Sanscrit Bengali 100.)

905

Nyāyaratnamālā.

XVIIIe siècle. Écriture telinga. 49 olles de 425 × 30 mm., 7 à 8 l., 45 à 50 akṣ. (Sanscrit Telinga 32.)

906

Nyāyaratnamālā (?).

XVIIIe siècle. Écriture telinga. 57 olles de 410 a 440 × 33 mm., 6 l., 50 à 55 akṣ. (Sanscrit Telinga 33.)

907-910

Nyāyalīlāvatī, par Vallabha Nyāyācārya.

En 4 volumes.

1725. Écriture bengalie. Papier indien, 286 à 310 × 60 à 65 mm., 405 pages, 4 l., 30 à 44 akṣ. Rel. veau. (Sanscrit Bengali 40-43.)

911

Nyāyavārttikatātparyaṭīkā, par Vācaspatimiçra.

XVIIIe siècle. Écriture bengalie. Papier indien, 345 × 65 mm., 319 pages, 3 à 4 l., 25 à 35 akṣ. D.-rel. (Sanscrit Bengali 158.)

912

Pañcadaçaprakaraṇa, par Bhāratītīrtha.

Avec le commentaire de Kāmakṛṣṇa.

1782. Écriture nāgarī. Papier indien, 350 × 155 mm., 471 pages, 10 à 11 l., 39 à 42 akṣ. D.-rel. (Sanscrit Dév. 58. — Polier, 4 B.)

913

Pañcadaçaprakaraṇa.

Incomplet.

XVIIIe siècle. Écriture bengalie. Papier indien, 445 × 60 mm., 275 pages, 6 l., 60 à 65 akṣ. D.-rel. (Sanscrit Bengali 161.)

914

I et II. *Paramādvayadvādaçikā.*

Deux copies.

III. *Puruṣārthasāra.*

XVIIIe siècle? Écriture kāçmīrī. Papier indien, 275 × 150 mm., 101 pages, 12 à 19 l., 34 à 50 akṣ. D.-rel. (Sanscrit Dév. 398-400.)

915

Prakāçikā ou *Dravyaprakāçikā*, par Bhagīratha Megha.

XVIIe siècle. Écriture bengalie. 172 olles de 365 × 45 mm., 6 l., 80 à 100 akṣ. (Sanscrit Bengali 176.)

916-917

Pratyakṣacintāmaṇiṭippaṇī.

Commentaire de Mathurānātha sur le *Nyāyatattvacintāmaṇi*, en deux volumes.

XVIIIe siècle. Écriture bengalie. Papier indien, 420 à 485 × 75 à 90 mm., 229 et 259 pages, 5 l., 50 à 92 akṣ. D.-rel. (Sanscrit Bengali 32 et 33 A.)

918

Pratyakṣacintāmaniṭippaṇī.

XVIIIe siècle. Écriture bengalie. Papier indien, 430 × 85 mm., 429 pages, 5 à 7 l., 65 à 70 akṣ. D.-rel. (Sanscrit Bengali 33.)

919

Pratyakṣadīdhiti.

XVIIIe siècle. Écriture bengalie. Papier indien, 420 × 75 mm., 84 pages, 5 l., 68 à 76 akṣ. D.-rel. (Sanscrit Bengali 148.)

920

I. *Anumānadīdhiti.*
II. *Pratyakṣadīdhiti.*

Deux traités par Çiromaṇi Bhaṭṭācārya.

XVIIIe siècle? Écriture bengalie. Papier indien, 430 × 75 mm., 600 pages, 5 l., 60 à 70 akṣ. D.-rel. (Sanscrit Bengali 148 A.)

921

Pratyakṣadīdhitiṭippaṇī, par Gadādhara.

XVIIIe siècle. Écriture bengalie. Papier indien, 420 × 95 mm., 441 pages, 7 à 8 l., 70 à 88 akṣ. D.-rel. (Sanscrit Bengali 36.)

922

Pramāṇapaddhati.

Et plusieurs autres fragments.

XVIIIe siècle. Écriture nagra. 47 olles de 390 × 35 mm., 8 l., 45 à 55 akṣ. (Sanscrit Nagra 37.)

923

Pramāṇalakṣaṇaṭīkā.

XVIIIe siècle. Écriture nagra. 44 olles de 420 × 40 mm., 7 à 8 l., 45 à 55 akṣ. (Sanscrit Nagra 25.)

924

Praçnottararatnamalā.

XIXe siècle. Écriture nāgarī. Papier européen, 350 × 160 mm., 11 pages, 9 ou 10 l., 38 à 58 akṣ. D.-rel. (Sanscrit Dév. 284.)

925

I. *Bodhapañcadaçikā.*
II. *Mahārthamañjarī*, par Maheçvarānanda.
III. *Smṛtitattvānusmaraṇa.*

XVIIIe siècle? Écriture kāçmīrī. Papier indien, 150 à 240 × 140 à 190 mm., 102 pages, 9 et 18 l., 26 à 40 akṣ. D.-rel. (Sanscrit Dév. 401. — Senart, 24.)

926

Bodhasāra (*Vedānta*), par Nityamukti (?).

1800. Écriture nāgarī. Papier indien, 320 × 125 mm., 90 pages, 11 à 12 l., 48 à 52 akṣ. D.-rel. (Sanscrit Dév. 270. — Ch. d'Ochoa.)

927

Brahmāmṛtavarṣiṇī, commentaire sur le *Brahmasūtra*, par Rāmakiṃkara, ou Rāmānanda Sarasvatī.

I. fol. 1-140. 1758. Adh. I-II. — II. fol. 1-96. 1782. Adh. III-IV. — III. fol. 1-19. 1760. *Adhyātmavidyopadeça-vidhi*, par Çaṅkarācārya. — IV. fol. 1-8. 1760. *Bhedābhedavāda*, par Vaṃçīdāsa.

1758-1782. Écriture nāgarī. Papier indien, 310 × 153 mm., 522 pages, 10 à 11 l., 35 à 45 akṣ. D.-rel. (Sanscrit Dév. 57. — Polier n° 4 A.)

928

Bhāmatī, ou *Çārīrakabhāṣyavibhāga*, par Vācaspatimiçra.

Commentaire sur le *Çārīrakamīmāṃsābhāṣya* de Çaṅkara.

XVIIIe siècle. Écriture nāgarī. Papier indien, 315 × 105 mm., 202 pages, 9 l., 53 à 58 akṣ. Rel. veau. (Sanscrit Dév. 62. — Polier 7.)

929

I. *Bhāṣāparicheda*, ou *Kārikāvalī*, par Viçvanātha Pañcānana, fils de Vidyānivāsa.

II. *Siddhāntamuktāvalī.*

Commentaire sur l'ouvrage précédent.

XVIIIe siècle. Écriture bengalie. Papier indien, 360 × 60 mm., 72 pages, 6 à 7 l., 45 à 55 akṣ. D.-rel. (Sanscrit Bengali 157.)

930

Maṇidīdhitisāra.

Commentaire de Bhavānanda sur le *Tattvacintāmaṇidīdhiti.*

XVIIIe siècle. Écriture bengalie. Papier indien, 405 × 85 mm., 83 pages, 7 l., 55 à 65 akṣ. D.-rel. (Sanscrit Bengali 173.)

931

Mīmāṃsā (deux petits traités sur la philosophie), par Bhavānanda Siddhāntavāgīça.

XVIIIe siècle. Écriture bengalie. Papier indien, 410 × 85 mm., 378 pages, 7 à 8 l., 60 à 70 akṣ. D.-rel. (Sanscrit Bengali 156.)

932

Mīmāṃsā (?).

XVIIIe siècle. Écriture grantha. 17 olles de 425 × 33 mm., 6 à 5 l., 50 à 55 akṣ. (Sanscrit Grantha 129.)

933

Mīmāṃsāsūtra, par Jaimini.

XVIIIe siècle. Écriture bengalie. Papier indien, 370 × 65 mm., 163 pages, 4 l., 32 à 40 akṣ. (Sanscrit Bengali 134.)

934

Mīmāṃsākalpakaumudī, par Govinda Bhaṭṭa.

XVIIIe siècle. Écriture bengalie. Papier indien, 370 × 65 mm., 4 pages, 35 à 45 akṣ. (Sanscrit Bengali 135.)

935

Mīmāṃsākalpakaumudī, ou *Saṃkalpakaumudī*, par Rāmakṛṣṇa Bhaṭṭācārya.

XVIIIe siècle. Écriture bengalie. Papier indien, 308 × 60 mm., 126 pages, 4 l., 35 à 40 akṣ. D.-rel. (Sanscrit Bengali 137.)

936

I. *Yogavāsiṣṭhasāra bhāṣāmayaṭīkāyuta.*
II. *Vakroktipañcaçatītippaṇa.*

XVIIIe siècle? Écriture kāçmīrī. Papier indien, 125 × 195 mm., 168 pages, 7 à 12 l., 8 à 12 akṣ. D.-rel. (Sanscrit Dév. 404-405.)

937

Yogaçāstra.

XIXe siècle? Écriture kāçmīrī. Papier indien, 210 × 295 mm., 89 pages, 16 à 22 l., 25 à 30 akṣ. D.-rel. (Sanscrit Dév. 363.)

938

Līlāvatīprakāça.

1609. Écriture bengalie. 162 olles de 260 × 55 mm., 6 l., 70 à 80 akṣ Sanscrit Bengali 44.)

939

Vāsiṣṭharāmāyaṇa.

XVIIIe siècle. Écriture nāgarī. Papier indien, 340 × 155 mm., 782 pages, 12 à 13 l., 44 à 50 akṣ. D.-rel. (Sanscrit Dév. 56. — Polier, 3.)

940

I. *Vicāramañjarī.*
II. *Vicārapañcāçikā.*
III. *Dharmaparīkṣā.*
IV. *Ṣaṭkāraka.*

V. *Çatruṃjayoddhāra.*
VI. *Pratyākhyānabhāṣya.*

XVIIIe siècle. Écriture nāgarī. Papier indien, 260 × 180 mm., 106 pages, 10 à 16 l., 30 à 50 akṣ. D.-rel. (Sanscrit Dév. 452-457.)

941

Vidhivāda, par Mathurānātha.

XVIIe siècle? Écriture bengalie. 50 olles de 480 × 50 mm., 7 l. 2 col., 100 à 120 akṣ. (Sanscrit bengali 165.)

942

Vedāntaparibhāṣā, par Dharmarāja Adhvarīndra.

XVIIIe siècle? Écriture bengalie. Papier indien, 340 × 75 mm., 67 pages, 6 à 8 l., 50 à 55 akṣ. D.-rel. (Sanscrit Bengali 159 A.)

943

Vedāntasāra, par Sadānanda Yogīndra.

1722. Écriture bengalie. Papier indien, 465 × 75 mm., 30 pages, 6 l., 65 à 70 akṣ. D.-rel. (Sanscrit Bengali 160.)

944

Çaktivādarahasya, par Mathurānātha.

XVIIIe siècle? Écriture bengalie. Papier indien, 350 × 78 mm., 92 pages, 5 à 8 l., 44 à 50 akṣ. D.-rel. (Sanscrit Bengali 116.)

945

Çārīrakamīmāṃsābhāṣya, par Rāmānuja.

Commentaire sur le traité de Bādarāyaṇa.

XIXe siècle. Écriture nāgarī. Papier européen, 195 × 250 mm., 550 p., 21 l., 24 à 34 akṣ. Rel. soie. (Burnouf, 40.)

946

I. *Çrīkṛṣṇālaṅkāra*, par Acyutakṛṣṇānandatīrtha.

Commentaire du *Siddhāntaleça*.

II. *Siddhāntaleçasaṅgraha*, par Appayadīkṣita.

1780-1781. Écriture nāgarī. Papier indien, 290 × 135 mm., 608 pages, 13 l., 50 à 52 akṣ. D.-rel. (Sanscrit Dév. 365.)

947

I. *Sāṃkhyakārikā*.

72 vers sur la philosophie *Sāṃkhya*, par Īçvarakṛṣṇa.

II. *Sāṃkhyatattvakaumudī*, par Vācaspatimiçra.

Commentaire sur la *Sāṃkhyakārikā* d'Īçvarakṛṣṇa.

XVIIIe siècle? Écriture bengalie. Papier indien, 356 à 380 × 60 à 85 mm., 75 pages, 4 à 7 l., 25 à 60 akṣ. D.-rel. (Sanscrit Bengali 152.)

948

Saṃdhyābhāṣya (?), par Çaṅkara Ācārya.

Les olles 25, 26, 32, 35, 43, 48, manquent.

XVIIIe siècle. Écriture grantha. 50 olles de 180 à 190 × 30 à 40 mm., 10 l. 25 à 35 akṣ. (Sanscrit Grantha 63.)

949

Sāṃkhyasāra, par Rāmakṛṣṇa Bhaṭṭācārya.

1726-9. Écriture bengalie. Papier indien, 370 × 60 mm., 150 pages, 4 l., 40 à 50 akṣ. Rel. veau. (Sanscrit Bengali 103.)

950

Sāmānyalakṣaṇaṭippaṇī.

XVIIIe siècle. Écriture bengalie. Papier indien, 450 × 85 mm., 351 pages, 8 l., 65 à 75 akṣ. D.-rel. (Sanscrit Bengali 163.)

951

Siddhāntacandrikā, par Rāmakṛṣṇa Bhaṭṭa, fils de Mādhava.

Commentaire sur la *Çāstradīpikā*.

XIXe siècle? Écriture nāgarī. Papier européen, 195 × 315 mm., 181 pages, 24 l., 30 à 34 akṣ. D.-rel. (Burnouf, 37.)

952

Spandavivṛti.

XVIIIe siècle. Écriture kaçmīrī. Papier indien, 270 × 155 mm., 4 pages, 8 l., 34 à 38 akṣ. D.-rel. (Sanscrit Dév. 415. — Senart, 38.)

953

Hastāmalakastotra, attribué à Hastāmalaka.

Avec le commentaire de Çaṅkarācārya.

1670. Écriture nāgarī. Papier indien, 225 × 120 mm., 78 pages, 410 l., 33 à 35 akṣ. D.-rel. (Sanscrit Dév. 65. — Polier, 10.)

954

I. *Udayayantra*, par Sumativardhana.

II. *Sarvatobhadrasthāpanā*.

III. *Svapnādhyāya* (Fragment d'un traité d'astrologie finissant par un).

XVIIIe siècle? Écriture nāgarī. Papier indien, 250 × 220 mm., 32 pages, 6 à 16 l., 20 à 40 akṣ. D.-rel. (Sanscrit Dév. 467-469.)

955

Kālavidhāna.

Et trois autres fragments, sans mention finale.

XVIIIe siècle. Écriture grantha. 85 olles de 420 × 30 mm., 3 à 7 l., 60 à 70 akṣ. (Sanscrit Grantha 59.)

956

Koṣṭhīpradīpa.

1824. Écriture bengalie. Papier indien, I. rouleau de 3m,870 × 235 mm., 350 l., 20 à 30 akṣ.; II. 355 × 115 mm., 1 page, 7 l., 35 à 40 akṣ. (Sanscrit Bengali 205. — Guérin, 49.)

957

I. *Gaṇitarāja*, par Pañcānana. (Extrait.)
II. *Dīpikā*, par Çrīnivāsa. (1er chapitre.)
III. *Makarandavivaraṇa*, par Divākara.
IV. *Rājamārtaṇḍa*, par Bhojadeva. (Extraits.)
V. *Sūryasiddhāntodāharaṇa*, par Kṛṣṇa Daivajña. (Extrait.)
VI. *Horāmakaranda*, par Guṇakārā. (Extraits.)

1840. Écriture bengalie. Papier indien, 225 × 228 mm., 85 pages, 20 à 35 l., 20 à 50 akṣ. D.-rel. (Sanscrit Bengali 189. — Guérin, 28-33.)

958

I. *Gaṇitatattvacintāmaṇi*, par Lakṣmīdāsa.

Commentaire sur le *Siddhāntaçiromaṇi* de Bhāskara, composé en 1501.

II. *Golādhyāya.*

4e chapitre du *Siddhāntaçiromaṇi.*

III. *Siddhāntaçiromaṇi*, par Bhāskara.

1840. Écriture bengalie. Papier indien, 220 × 290 mm., 271 pages, 28 à 35 l., 25 à 35 akṣ. D.-rel. (Sanscrit Bengali 185. — Guérin, 12-14.)

959

Golādhyāya du *Siddhantaçiromaṇi* de Bhāskara.

Copie exécutée à la fin du XVIIIe siècle sur un ms. de 1603. Écriture nāgarī. Papier européen, 181 × 220 mm., 156 pages, 15 l., 25 à 28 akṣ. D.-rel. (Sanscrit Dév. 67.)

960

Grahacāra.

Fragment et plusieurs autres fragments très mutilés.

XVIIIe siècle ? Écriture grantha. 103 olles de 240 à 370 × 25 à 40 mm., 4 à 9 l., 40 à 60 akṣ. (Sanscrit Grantha 72.)

961

I. *Grahayāmala.*
II. *Candrasūryagrahaṇa.*
III. *Jātakāmṛta.*
IV. *Dinavṛnda.*
V. *Purāṇapañjī.*
VI. Calculs relatifs à la position de mars pour l'an 1546 çaka, par Vaṃçīvadanaçarman.

XIXe siècle. Écriture bengalie. Papier indien, 365 × 120 mm., 13 pages, 6 l., 30 à 40 akṣ. D.-rel. (Sanscrit Bengali 204. — Guérin (I) 59; (II) 56; (III) 53; (IV) 57; (V) 35; (VI) 41.)

962

Cintāmaṇiketudaçasūryadaça.

XVIIe siècle? Écriture grantha. 148 olles de 375 × 30 mm., 7 à 8 l., 50 à 55 akṣ. (Sanscrit Grantha 74.)

963

Janmapattra.

Horoscope tiré en 1704.

1704. Écriture nāgarī. Papier indien. Rouleau de 12 mètres 450 × 145 mm., env. 1100 l., 14 à 16 akṣ. Nombreux diagrammes magiques. (Sanscrit Dév. 32.)

964

Janmapattra.

Horoscope d'un enfant né en 1740.

1740. Écriture nāgarī. Papier indien, 37 mètres 400 × 245 mm., env. 2000 l., 22 à 26 akṣ. (Sanscrit Dév. 36.)

965

Janmapattra.

XVIIIe siècle. Écriture bengalie. Rouleau de 1m,800 × 165 mm., 164 l., 15 à 30 akṣ. 2 diagrammes magiques. (Sanscrit Bengali 245.)

966

I. *Janmapattra.*

Horoscope tiré en 1804-5 A. D.

II. *Janmapattra.*

Horoscope tiré en 1760 A. D.

1760 et 1804-5. Écriture nāgarī. Papier indien. Rouleaux de 3m,600 et 4 mètres 750 × 200 mm., env. 230 l., 20 à 25 akṣ. Diagrammes magiques. (Sanscrit Dév. 292-295.)

967

Janmapattra.

Horoscope d'un fils de Paraçu Rāma Deva.

XVIIIe siècle. Écriture bengalie. Papier indien. Rouleau de 1m,440 × 170 mm., 165 l., 10 à 30 akṣ. 2 diagrammes magiques. (Sanscrit Bengali 46.)

968

I. *Jātaka-candrikā.* Fragment.

II. *Laghujātaka.*

III. *Vṛhajjātaka.* Incomplet.

IV. *Jātakapaddhati.*

V. *Jyotiṣa*, par Lagadha.

Un des Vedāṅgas. — Incomplet du commencement et de la fin.

VI. *Jyotiṣagrantha.*

Incomplet.

VII. *Jyotiṣagrantha.*

VIII. *Jyotiṣa*, par Naracandra.
IX. *Jyotiṣagrahavicāra*.
X. *Gujarathījyotiṣa* et *Rājāvalī*.

XVIIIe siècle. Écriture nāgarī. Papier indien, 260 × 145 mm., 336 pages, 12 l., 30 à 38 akṣ. D.-rel. (Sanscrit Dév. 321-330.)

969

I. *Jātakapaddhati*, par Keçavārka.
II. *Bhāsvatī*.
III. *Lagnadarpaṇa*, par Candranṛpati.
IV. *Lagnayāna*.
V. *Sūryacandragrahaṇa*.

1840. Écriture bengalie. Papier indien, 360 × 120 mm., 19 pages, 6 à 15 l., 40 à 50 akṣ. D.-rel. (Sanscrit Bengali 202. — Guérin (I), 60 ; (II), 54 ; (III), 52 ; (IV), 55 ; (VI), 61.)

970

I. *Jātakasāra*, par Nṛsiṃha Daivajña.
II. *Dharmopadeça*.
III. *Vimalamantrirāsa* (?).

1696. Écriture nāgarī. Papier indien, 200 à 280 × 105 à 132 mm., 250 pages, 8 à 9 l., 35 à 38 akṣ. (Sanscrit Dév. 445-447.)

971

Jyotiṣa.

Ms. en très mauvais état.

XVIIe siècle? Écriture grantha. 148 olles de 420 × 35 mm., 7 à 9 l., 70 à 80 akṣ. (Sanscrit Grantha 71.)

972

I. *Jyotiṣābhidhāna*.
II. *Pañcaratna*.

III. *Pañjikārahasya.*
IV. *Bhaṭṭikāvya.*

Fragment.

1840. Écriture bengalie. Papier indien, 360 × 80 mm., 200 pages, 4 l., 40 à 50 akṣ. D.-rel. (Sanscrit Bengali 203. — Guérin, 42-45.)

973

I. *Jyotiṣaratnamālā*, par Çrīpati.
II. *Varāhasaṃhitā*, par Varāhamihira.
III. *Sūryasiddhānta.*
IV. *Sūryasiddhāntavivaraṇa*, par Bhūdhara.

1840. Écriture bengalie. Papier indien, 225 × 275 mm., 236 pages, 25 à 40 l., 20 à 40 akṣ. D.-rel. (Sanscrit Bengali 188. — Guérin, 24-27.)

974

I. *Jyotiṣasaṃgraharatnamālā.*

Incomplet.

II. *Dānatithaya* (?).

XVIIIe siècle? Écriture kāçmīrī. Papier indien, 70 à 140 × 120 à 210 mm., 78 pages, 5 à 22 l., 12 à 28 akṣ. D.-rel. (Sanscrit Dév. 393-397.)

975

Jyotiṣpradīpa, par Rāma Çarman.

XVIIe siècle? Écriture bengalie. Papier indien, 335 × 85 mm., 79 pages, l., 40 à 50 akṣ. Rel. veau. (Sanscrit Bengali 108.)

976

I. (*Cikitsā*) *saṃgraha*, par Cakrapāṇi (ou Dravyaguṇa).
II. *Nītiçāstra* (*rājanītisamuccaya*).
III. Fragment de dictionnaire.
IV. *Rājavallabha* (Dravyaguṇa), par Nārāyaṇadāsa.

V. *Sārakaumudī.*

XVIIe siècle? Écriture bengalie. Papier indien, 350 X 85 mm., 190 pages, 5 à 10 l., 40 à 50 akṣ. D.-rel. (Sanscrit Bengali 207. — Guérin, 5 (2); 11-12 (2); 27 (2); 31 (2).)

977

Pancāṅga.

Almanach pour l'an 1756-57.

1756-7. Écriture nāgarī. Papier indien, 198 X 118 mm., 29 pages, 18 à 24 l., 34 à 37 akṣ. Rel. veau. (Sanscrit Dév. 25.)

978

Pañcāṅga.

Almanach pour l'an 1758-9.

1758-9. Écriture nāgarī. Papier indien, 210 X 142 mm., 29 pages, 29 à 40 akṣ. Rel. veau. (Sanscrit Dév. 25 *bis*.)

979

I. *Pañcāṅgaratnāvalī.*
II. *Gururājādipraçna* (?).

1613-14. Écriture nāgarī. Papier indien, 230 à 278 X 130 mm., 92 pages, 9 à 16 l., 24 à 46 akṣ. D.-rel. (Sanscrit Dév. 465-466.)

980

Brahmasaṃhitā ou *Bhagavatsiddhāntasaṃgraha.*

XVIIIe siècle. Écriture bengalie. Papier indien, 250 X 100 mm., 80 pages, 30 à 35 akṣ. D.-rel. (Sanscrit Bengali 199. — Guérin, 53 (2).)

981

Bhāvaphala.

Et plusieurs autres fragments en très mauvais état.

XVIIIe siècle. Écriture grantha. 105 olles de 370 X 30 mm., 4 à 6 l., 40 à 70 akṣ. (Sanscrit Grantha 64.)

982

Bṛhatsaṃhitā, par Varāhamihira.

Incomplet; s'arrête au 17e adhyâya.

XIXe siècle. Écriture nāgarī. Papier européen, 300 × 140 mm., 68 pages, 10 à 12 l., 40 à 50 akṣ. D.-rel. (Burnouf, 41.)

983

I. *Brahmaguptasiddhānta*.

II. *Mahāsiddhānta*, par Āryabhaṭa.

1860. Écriture nāgarī. Papier européen, 340 × 210 mm., 91 pages, 14 à 17 l., 44 à 54 akṣ. D.-rel. (Sanscrit Dév. 278.)

984

Yogaphala.

XVIIIe siècle. Écriture grantha. 17 olles de 270 × 25 mm., 5 l., 40 à 50 akṣ. (Sanscrit Grantha 122.)

985

Yogaçāstra.

XVIIe siècle? Écriture grantha. 67 olles de 150 × 37 mm., 7 à 10 l., 15 à 20 akṣ. (Sanscrit Grantha 121.)

986

Līlāvatīprakāça.

1609. Écriture bengalie. 160 olles de 260 × 55 mm., 6 l., 25 à 35 akṣ. (Sanscrit Bengali 46.)

987

Varāhamihira.

Note de la main de Burnouf : « Traité d'astronomie en sanscrit... ; le texte est littéralement commenté en singhalais. Je ne connais pas en France un second exemplaire de ce curieux traité. »

XVIIIe siècle. Écriture singhalaise, 162 olles de 225 × 52 mm., 8 à 9 l., 30 à 40 akṣ. (Sanscrit Singhalais 4. — Ancien Burnouf, 70.)

988

Vāstuçāstra, par Viçvakarman.

1803. Écriture nāgarī. Papier indien, 245 × 105 mm., 139 pages, 9 l., 40 à 43 akṣ. D.-rel. (Sanscrit Dév. 238. — Ch. d'Ochoa.)

989

Vījagaṇita., par Bhāskara.

2e partie du *Siddhānta-çiromaṇi.*

1793. Écriture nāgarī. Papier européen, 170 × 215 mm., 81 pages, 22 l., 24 à 28 akṣ. D.-rel. (Sanscrit Dév. 69.)

990

Çuddhadīpikā.

On a ajouté le titre *Bhuvanadipik.* — Le volume est complet en 8 adhyâyas. Cf. *Catalogue of Palm leaf and selected paper mss. belonging to the Durbar library*, by Hari Prasad Shastri. Calcutta, 1905, p. XXI.

1610. Grosse et petite écriture népalaise. Papier indien, 235 × 95 mm., 164 pages, 5 l., 40 à 54 akṣ. D.-rel. (Burnouf, 103.)

991

Samayapradīpa, par Çrīdatta.

Incomplet.

XVIIIe siècle. Écriture nāgarī. Papier indien, 240 × 100 mm., 199 pages, 5 l., 32 à 35 akṣ. Rel. veau. (Sanscrit Dév. 35.)

992

Samayapradīpa, par Harihara.

Incomplet.

XVIIIe siècle. Écriture bengalie. 43 olles de 355 × 45 mm., 4 l., 50 à 60 akṣ. (Sanscrit Bengali 69.)

993

Sārāvalī, par Kalyāṇavarman.

XVIIe siècle? Écriture grantha. 89 olles de 355 × 30 mm., 7 à 8 l., 45 à 55 akṣ. (Sanscrit Grantha 58.)

994

Siddhāntaçiromaṇi, par Bhāskara.

1815. Écriture nāgarī. Papier indien, 275 × 140 mm., 155 pages, 11 à 12 l., 37 à 41 akṣ. D.-rel. (Sanscrit Dév. 68.)

995

I. *Jātapatākin* (?).
II. *Pañcapakṣiçakuna*.
III. *Brahmasiddhānta*.
IV. *Bhāsvatī*.
V. *Sūryasiddhānta*.

1840. Écriture bengalie. Papier indien, 225 × 294 mm., 300 pages, 25 à 30 akṣ. D.-rel. (Sanscrit Bengali 183. — Guérin, 1-5.)

996

Sūryasiddhānta.

1790. Écriture nāgarī. Papier indien, 157 × 248 mm., 74 pages, 19 l., 12 à 14 akṣ. D.-rel. (Burnouf, 42.)

997

I. *Sūryasiddhāntajyotiṣa*.
II. *Sūryasiddhāntamañjarī*, par Mathurānātha.
III. *Sūryasiddhāntarahasya*, par Rāghava Çarman.

1788. Écriture bengalie. Papier indien, 400 × 85 mm., 152 pages, 6 l., 30 à 55 akṣ. D.-rel. (Sanscrit Bengali 206. — Guérin, 46-48.)

998

I. *Sūryasiddhāntabhāṣya*, par Nṛsiṃha Deva.
II. *Sūryasiddhāntaṭippaṇī*, par Raṅganātha et Sārvabhauma.

1840. Écriture bengalie. Papier indien, 220 × 275 mm., 202 pages, 22 l., 20 à 30 akṣ. D.-rel. (Sanscrit Bengali 186. — Guérin, 15-16.)

999

Horāsāra.

XVIIe siècle. Écriture grantha. 160 olles de 335 × 40 mm., 8 l., 45 à 50 akṣ. (Sanscrit Grantha 86.)

1000

Calculs astronomiques.

10 fragments. — Nombreuses annotations de l'abbé Guérin, en français.

XIXe siècle. Écriture bengalie. Papier indien, 265 × 540 × 100 à 315 mm., 190 pages, 5 à 75 l., 5 à 60 akṣ. D.-rel. (Sanscrit Bengali 251-260.)

1001

Fragments astrologiques (?).

Ms. en très mauvais état.

XVIIe siècle. Écriture grantha. 51 olles de 390 × 35 mm., 3 à 6., 55 à 65 akṣ. (Sanscrit Grantha 79.)

1002

Fragments astrologiques.

XVIIIe siècle? Écriture bengalie. 5 olles de 350 × 50 mm., 5 l., 45 à 55 akṣ. (Sanscrit Bengali 211.)

1003

Fragments astrologiques.

XVIIIe siècle? Écriture bengalie. 3 olles brisées de 295 × 25 mm., 4 l., 35 à 40 akṣ. (Sanscrit Bengali 236.)

1004

Fragments astronomiques.

XVIIIe siècle. Écriture grantha. 21 olles de 400 × 40 mm., 7 à 9 l., 10 à 50 akṣ. (Sanscrit Grantha 120.)

1005

I. *Ādityahṛdaya.*

II. *Gaṅgālaharī.*

Fragment. — A la suite, dernière page, *Kṛṣṇāṣṭottaraçatanāmastotra.*

III. *Gītagovinda*, par Jayadeva.

Commencement.

IV. *Gṛhyaprakaraṇa.*

Fragment astrologique.

V. *Grahaṇanirṇaya.*

Incomplet.

VI et VII. *Grahārāmakutūhala*, par Bhāskara, fils de Maheçvara.

VIII. *Candrārkī*, par Dinakara Bhaṭṭa.

IX. *Janmapatra.*

Horoscope.

X. *Janmapatrī.*

Fragment d'horoscope.

XI. *Tājikabhūṣaṇa*, par Gaṇeça, fils de Ḍhuṇḍhirāja.

Suivi d'un fragment (du *Ratnaçāstra*?) sur l'*abhraka* (saphir ; v. Finot, *Lapidaires indiens*, s. v.); aussi un fragment sur le fer (*loha*).

XII. *Prayoga.*

Fragment.

XIII. *Bṛhajjātaka.*

Fragment astrologique.

XIV. *(Bṛhan)-Mahādevī.*

XV. *Mahādevī-sūtra.*

Deux fragments.

XVI. *(Yantra)cintāmaṇi*, par Dāmodara Paṇḍita.

Fragment.

XVII. *Çivastotra.*

Extrait d'un *Purāṇa.*

XVIII. *Saṃhitā* védique.

Trois fragments : 1° Partie des 3e et 4e adhyāyas de la *Vājasaneyī Saṃhitā*; 2° Fragment du 16e et, 3° Fragment du 3e adhyāya de la même *saṃhitā.*

XIX. *Sārasvata.*

Fragment indépendant relatif à la récitation de la *Gāyatrī.*

XX. *Fragments* astronomiques et astrologiques.

XVIIIe siècle. Écriture nāgarī. Papier indien, 230 × 130 mm., 260 pages, 5 à 20 l., 5 à 40 akṣ. D.-rel. (Sanscrit Dév. 331-340.)

1006

Fragments astronomiques.

XVIIIe siècle. Écriture grantha. 88 olles de 400 à 435 × 20 à 35 mm., 3 à 7 l., 50 à 70 akṣ. (Sanscrit Grantha 132.)

1007

Recueil de petits traités : *lagnaphala, kālacakranirṇaya*, etc., qui font peut-être partie d'une collection unique.

XVIIIe siècle. Écriture nāgarī. Papier indien, 170 × 255 mm., 270 pages, 30 à 35 l., 24 à 30 akṣ. D.-rel. (Sanscrit Dév. 237 *bis.*)

1008

Tables astronomiques.

XIXe siècle. Écriture bengalie. Papier indien, 280 à 380 × 60 à 90 mm., 78 pages, env. 15 à 30 l., 5 à 20 akṣ. D.-rel. (Sanscrit Bengali 246-250.)

1009

Vāstuçāstra rājavallabhamaṇḍana, par Sūtradhara-maṇḍana.

1843. Écriture nāgarī. Papier indien, 305 × 105 mm., 107 pages, 6 l., 40 à 43 akṣ. D.-rel. (Sanscrit Dév. 239. — Ch. d'Ochoa.)

1010

Arkaprakāça.

Traité médical attribué à Laṅkānātha (Laṅkeçvara Rāvaṇa).

1820. Écriture nāgarī. Papier indien, 260 × 155 mm., 81 pages, 14 l., 30 à 35 akṣ. (Sanscrit Dév. 470.)

1011

Āyurveda.

XVIIe siècle. Écriture bengalie. Papier indien, 350 × 60 mm., 558 pages, 6 l., 50 à 60 akṣ. D.-rel. (Sanscrit Bengali 190. — Guérin, 1 (2).)

1012

I. *Carakottaratantra*, par Caraka.

II. *Tantrasāra* (?).

Collection d'aphorismes médicaux sur les causes des maladies par Mādhava.

III. *Nānāyurveda.*

IV. *Nānāçloka.*

V. *Rogapakhyā* (?).

XVIIe siècle? Écriture bengalie. Papier indien, 410 × 90 mm., 130 pages, 5 à 6 l., 50 à 70 akṣ. D.-rel. (Sanscrit Bengali 195. — Guérin, 5, 25, 28, 31, 33 (2).)

1013

Nāḍī-parīkṣā.

XIXe siècle? Écriture népalaise. Papier indien, 258 × 80 mm, 11 pages, 6 l., 36 à 38 akṣ. D.-rel. (Burnouf, 105.)

1014

I-II. *Dravyaguṇa*, par Nārāyaṇadāsa.

En 6 paricchedas; le 6e est le *Nāmauṣadha-pariccheda.*

III. *Yogaratnāvalī.*

IV. *Ratnamplā*, par Paçupati.

V. *Nānātantra.*

VI-X. Fragment d'une grammaire (*Saṃjñāpāda, sandhipāda, visandhipāda*).

A la suite vient le *Mugdhabodha* de Vopadeva; suivi encore d'un fragment grammatical (*saṃjñāpāda*) de 1 p.; puis un fragment de *Dhātupāṭha* (liste de racines); puis le *Vaçiṣṭhadilīpasaṃvāda.*

XVIIIe siècle. Écriture bengalie. Papier indien, 350 × 95 mm., 270 pages, 5 à 10 l., 20 à 60 akṣ. D.-rel. (Sanscrit Bengali 271-280. — Guérin, 25, 29, 34-37, 41-44 (2).)

1015

Nānāyurveda.

Deux copies.

XVIIe siècle. Écriture bengalie. Papier indien, 430 × 85 mm., 90 pages, 5 à 7 l., 45 à 55 akṣ. D.-rel. (Sanscrit Bengali, 192 *a*. — Guérin, 3, 4 (2).)

1016

Yogaçataka.

Note de la main de Burnouf : « Court traité de médecine, en sanscrit et en vers, commenté littéralement en singhalais; ce manuscrit est écrit avec la plus grande élégance en beau singhalais ».

XVIIIe siècle. Écriture singhalaise. 34 olles de 376 × 55 mm., 7 l., 35 à 45 akṣ. (Sanscrit Singhalais 5.)

1017

I. *Rasaratna.*

II et III. *Nāḍīprakāça*, par Çaṅkarasena. Deux copies.

IV. *Nāḍīpārīkṣā*, par Mandhara (?).

V. *Nāḍīparīkṣā*, par Govinda.

VI. *Kāmaçāstra.*

VII-VIII. *Paribhāṣānirūpaṇa.* Deux copies.

IX. *Paribhāṣāḥ.*

X. *Rasamañjarī*, par Çālinātha, fils de Vaidyanātha.

XVIIIe siècle. Écriture bengalie. Papier indien, 325 à 420 × 80 à 120 mm., 135 pages, 5 à 15 l., 40 à 60 akṣ. D.-rel. (Sanscrit Bengali 261-270. — Guérin, 15-20-24 (2).)

1018

Rasendrakalpadruma, par Rāmakṛṣna Bhaṭṭa, fils de Nīlakaṇṭha Bhaṭṭa.

XIXe siècle. Écriture bengalie. Papier indien, 397 × 93 mm., 407 pages, 5 l., 54 à 56 akṣ. D.-rel. (Burnouf, 199.)

1019

I. *Yogaçāstrapatrāṇi.*

II. *Vaidyakagranthaṭīkāpatrāṇi.*

III. *Vaidyakagranthapatrāṇi.*

IV. *Vaidyakaparibhāṣā.*

V. *Vaidyakaratnāvalī*, par Kavicandra.

XIXe siècle. Écriture bengalie. Papier indien, 460 × 87 mm., 181 pages, 5 à 8 l., 40 à 60 akṣ. D.-rel. (Sanscrit Bengali 242.)

1020

Rasendracintācīntāmaṇi.

Traité de médecine, par Rāmacandra, de la famille des Guha.

1777. Écriture bengalie. Papier indien, 393 × 65 mm., 157 pages, 6 l., 55 à 70 akṣ. D.-rel. (Sanscrit Bengali 193. — Guérin, 10 (2).)

1021

Rugviniçcaya, par Mādhava.

XVIIe siècle? Écriture bengalie. Papier indien, 430 × 72 mm., 5 l., 50 à 60 akṣ. (Sanscrit Bengali 194. — Guérin, 9 (2.)

1022

Rugviniçcaya.

1781. Écriture bengalie. Papier indien, 400 × 65 mm., 145 pages, 6 l., 60 à 70 akṣ. D.-rel. (Sanscrit Bengali 196. — Guérin, 8 (2).)

1023

Rugviniçcaya, par Mādhava.

1796. Écriture bengalie. Papier indien, 350 × 80 mm., 270 pages, 4 à 6 l., 40 à 50 akṣ. D.-rel. (Sanscrit Bengali 198. — Guérin, 7 (2).)

1024

Vaidyakalpataru, de Mallinātha.

La fin manque.

(S. d.) Écriture népalaise. Papier indien, 220 × 80 mm., 93 pages, 6 à 8 l., 34 à 36 akṣ. D.-rel. (Burnouf, 122.)

1025

Vaidyamanotsava, par Vaṃçīdhara.

XVIIIe siècle. Écriture nāgarī. Papier indien, 240 × 105 mm., 55 pages, 12 l., 22 à 25 akṣ. D.-rel. (Sanscrit Dév. 471.)

1026

Çārīrakasūtra.

1771. Écriture nāgarī. Papier indien, 250 × 120 mm., 23 pages, 10 l., 30 à 35 akṣ. D.-rel. (Sanscrit Dév. 472.)

1027

Çārṅgadharasaṃhitā, par Çārṅgadhara, fils de Damodara.

XIXe siècle. Écriture nāgarī. Papier indien, 170 × 250 mm., 199 pages, 29 à 30 l., 20 à 25 akṣ. D.-rel. (Sanscrit Dév. 473.)

1028

Sārakaumudī.

Traité d'hygiène suivi d'un glossaire médical.

XVIIIe siècle. Écriture bengalie. Papier indien, 410 × 135 mm., 82 pages, 6 à 11 l., 50 à 60 akṣ. D.-rel. (Sanscrit Bengali 197. — Guérin, 13-14 (2).)

1029

I. *Cintāmaṇimantrāmnāya.*

II. *Avyayārthā.*

Écriture nāgarī. Papier indien, 305 × 100 mm., 14 pages, 12 à 19 l., 50 à 62 akṣ. D.-rel. (Sanscrit Dév. 463-465.)

1030

Pṛthvīcandracaritra.

Glose interlinéaire en marathe.

1800. Écriture nāgarī. Papier indien, 275 × 125 mm., 140 pages, 14 à 16 l., 40 à 70 akṣ. Rel. chagrin. (Sanscrit Dév. 228.)

1031

I. *Saṃghayaṇasūtra*. Traité jaina, en prākrit.

II. *Çrutabodha*, par Kālidāsa ou Vararuci.

III. *Bhāgavatapurāṇa.*

Daçama khanda.

IV. *Rājayoga.*

V. *Rāmāyaṇa* (*Balakāṇḍa*).
VI. *Nirvāṇadaçaka*, par Çaṅkara.

1759. Écriture nāgarī. Papier indien, 190 × 280 mm., 135 pages, 19 à 25 l., 15 à akṣ. (Sanscrit Dév. 227. — Ch. d'Ochoa.)

1032

Estampages d'inscriptions, recueillies dans le nord de l'Inde en caractère magadhi.

I. 870 × 370 mm., 6 l., 32 à 38 akṣ; II. 760 × 500 mm., 9 l., 30 à 34 akṣ; III. 840 × 270 mm., 8 l., 45 à 50 akṣ; IV. 880 × 570 mm., 27 l., 70 à 75 akṣ; V. 121 × 810 mm., 21 l., 90 à 95 akṣ; VI. 820 × 320 mm., 13 l., 70 à 74 akṣ; VII. 400 × 350 mm., 20 l., 30 à 32 akṣ; VIII. 190 × 200 mm., 11 l., 11 à 16 akṣ; IX. 230 × 400 mm., 20 l., 20 à 22 akṣ. Un vol. in-folio. D.-rel. (Sanscrit Dév. 288. — Ancien Burnouf, 53.)

1033

Fragments divers en sanscrit, plus un en zend (débris de feuillet), provenant d'Anquetil Duperron, et, en partie, annotés par lui.

XVIIIe siècle. Écriture nāgarī et zend. Papier indien, 80 à 265 × 195 à 300 mm., 11 fragments, 16 pages, 10 à 16 l., 4 à 26 akṣ. D.-rel. (Sanscrit Dév. 348.)

1034

Fragments divers (médecine, astrologie, grammaire, etc.).

XIXe siècle. Écriture grantha. 59 olles de 300 à 350 × 35 mm., 4 l., 40 à 50 akṣ. (Sanscrit Grantha 75.)

1035

Pārijāta?

XVIIIe siècle. Écriture telinga. 58 olles de 367 × 30 mm., 4 à 5 l., 45 à 55 akṣ. (Sanscrit Telinga 26.)

1036-1037

Purāṇa? (Fragment de).

Deux volumes. — Texte sanscrit télinga très corrompu.

XVIIIe siècle. Écriture telinga. 400 et 362 olles de 373 à 378 × 30 à 32 mm., 5 à 6 l., 45 à 55 akṣ. (Sanscrit Telinga 6 et 7.)

1038

Bhartṛharivyākhyāna (?).

XVIIIe siècle. Écriture telinga. 96 olles de 385 × 30 mm., 6 à 7 l., 45 à 50 akṣ. (Sanscrit Telinga 31.)

1039

Muktāvalī.

Fragment.

XIXe siècle. Écriture grantha. 26 olles de 435 × 35 mm., 6 à 9 l., 55 à 65 akṣ. (Sanscrit Grantha 118.)

1040

Vyomavarga.

Fragment.

XVIIIe siècle. Écriture grantha. 31 olles de 385 à 430 × 27 à 45 mm., 3 à 5 l., 40 à 50 (Sanscrit Grantha 183.)

1041

Vyomavarga.

Fragment.

XVIIIe siècle? Écriture grantha. 20 olles de 430 × 30 mm., 4 l., 50 à 60 akṣ. (Sanscrit Grantha 104.)

1042

Çuddhilocana.

Incomplet.

XVIIIe siècle. Écriture telinga. 194 olles de 370 × 35 mm., 6 à 8 l., 35 à 40 akṣ. (Sanscrit Telinga 16.)

1043

Somanātha-bhāṣya (?)

XVIIIe siècle. Écriture telinga. 45 olles de 445 × 35 mm., 7 à 8 l., 50 à 60 akṣ. (Sanscrit Telinga 19.)

1044

« Catalogue général et spécial des numéros 378-415, soit 38 numéros, formant la collection faite au Kachmir par M. A. Stein et donnée à la Bibliothèque par M. E. Senart, membre de l'Institut. » — Notes de la main de M. A. Stein.

1898. Écriture nāgarī. Papier européen, 100 à 480 × 228 à 330 mm., 24 pages, 30 à 35 l., 15 à 35 akṣ. D.-rel. (Sanscrit Dév. 416.)

1045

Notices pour le catalogue des manuscrits sanscrits, par Auguste Loiseleur-Deslongchamps.

XIXe siècle. Papier européen, 120 × 160 mm., 83 feuillets, 3 à 20 l. Cartonné. (Sanscrit Dév. 346.)

COLLECTION EUGÈNE BURNOUF

ÉDITIONS IMPRIMÉES, LITHOGRAPHIÉES OU AUTOGRAPHIÉES DANS L'INDE [1]

1046 (2678)

Vendidad Sadé. Texte zend, avec titre persan et commentaire guzarati..., autographié à Bombay par les soins de Manakdji Khursêtdji, d'après l'édition de Burnouf, in-fol. D.-rel., 504 p.

1047 (2679)

Siddhāntakaumudī, par Bhaṭṭojīdīkṣita. Calcutta, 1811, in-fol. obl. D.-rel., 506 p.

1048 (2679 *bis*)

Siddhāntakaumudī, par Bhattojīdīkṣita, publié par Bābū Rāma. — Kidderpore, 1811, in-4°. D.-rel., 256 p.

1049 (2680)

Sānekārthanāmamālātmakaḥ koṣavaraḥ çubhaḥ | *Hemacandrapraṇītābhidhānacintāmaṇirmaniḥ* (*sic*)... — Calcutta, 1864 (= 1807), in-8°. D.-rel., 356 p.

Abhidhānacintāmaṇi, dictionnaire des synonymes, publié sous la direction de H. T. Colebrooke, par Bābū Rāma. Index par Vidyākara Miçra. Suivi de l'*Anekārthasaṃgraha.*

1. Voir le *Catalogue des livres imprimés et manuscrits, composant la bibliothèque de feu M. Eugène Burnouf* (Paris, 1854, in-8°), p. 313-319, nos 2678-2730.

1050 (2681)

Smṛtiçāstrāṇi. — Calcutta (s. d.), 19 fascicules, en un vol. in-fol. obl. D. rel. 444 p. Caract. bengalis.

Renferme les traités suivants : 1. *Aṅgiras* ; 2. *Atri* ; 3. *Āpastamba* ; 4. *Uçanas* ; 5. *Kātyāyana* ; 6. *Dakṣa* ; 7. *Parāçara* ; 8. *Yama* ; 9. *Yājñavalkya* ; 10. *Likhita* ; 11. *Viṣṇu* ; 12. *Vṛhaspati* ; 13. *Vyāsa* ; 14. *Çaṅkha* ; 15. *Saṃvarta* ; 16. *Hārīta* ; 17. *Vaçiṣṭha* ; 18. *Çātātapa* ; 19. *Gotama.*

1051-1054 (2682)

Raghunandana Bhaṭṭācārya tattvāni. — Calcutta (s. d.), 4 vol. in-fol. obl. D.-rel. env. 2.000 p. Caract. bengalis.

Renferme les traités suivants : 1. *Saṃskāra* ; 2. *Çrāddha* ; 3. *Prāyaçcitta* ; 4. *Malamāsa* ; 5. *Tithi* ; 6. *Jyotiṣa* ; 7. *Āhnika* ; 8. *Vyavahāra* ; 9. *Dāya* ; 10. *Vrata* ; 11. *Çuddhi* ; 12. *Ekadaçī* ; 13. *Kṛtya* ; 14. *Vāstuyāga* ; 15. *Yajurvediçrāddha* ; 16. *Devapratiṣṭhā* ; 17. *Divya* ; 18. *Yajurvedivṛṣotsanga* ; 19. *Dīkṣā* ; 20. *Vṛsotsarga* ; 21. *Çūdrakṛtyavicāra* ; 22. *Maṭhapratiṣṭhā* ; 23. *Puruṣottamakṣetra* ; 24. *Jalāçayotsarga* ; 25. *Durgotsava* ; 26. *Udvāba.*

1055 (2683)

Atha çrīmadbhāgavate prathama skaṃdhaḥ prārabhyate (— *iti... dvādaçaskaṃdhaḥ samāptaḥ*). 2e éd. — Bombay, çāka 1761 (= 1839), in-fol. obl. Rel. toile, 1744 pages. *Lithographié.*

Bhāgavata-Purāṇa avec le commentaire de Çridharasvāmin.

1056 (2684)

Caṇḍīstotra, partie du *Mārkaṇḍeya-purāṇa.* — Calcutta, 1813, in-8°. Rel. basane, 84 p.

1057 (2685)

Bhagavad-gītā, publiée par Bābū Rāma. — Kidderpore, 1809, in-8°. Rel. basane, 120 p.

1058 (2686)

Gītā-govinda, par Jayadeva, publié par Bābū Rāma. — Kidderpore?, 1808, in-8°. Rel. basane, 74 p.

1059 (2687)

Prabodhacandrodaya nāṭaka, par Kṛṣṇamiçra, avec un commentaire par Maheçvara Nyāyālaṃkāra, publié par Bhavānīcaraṇa Çarman. — Calcutta, 1832, in-fol. obl. D.-rel. 108 p.

Caractères bengalis.

1060 (2688)

Trividyā triguṇātmikā 1 bhāga. The threefold science. — Bombay, printed at the American mission press, 1833, in-4°. D.-rel., 60 et 65 p.

Contenant les *sūktas* 1-35 du premier *maṇḍala* du *Ṛg-Veda*, avec une glose en sanscrit, une paraphase en mahratte et une traduction anglaise par F. Stevenson.

Les textes sanscrit et mahratte sont lithographiés.

1061 (2689)

Naiṣadhīya-carita, par Harṣadeva. — Calcutta, 1836, in-8°. D.-rel., s'arrête à la p. 648.

Avec l'*Anvayabodhikā*, de Prema Candra Paṇḍita.

1062 (2690)

Kaṃkaṇaphaṇirājamaṇindīpadhiyāvadanamārutairsakṛt. A la fin : *iti... nalodayakāvyaṭīkāyāṃ subodhinyāñcatur-*

tha ucchvāsaḥ... — Kidderpore, 1813, in-8°. D.-rel., 172 p.

Nalodaya, de Kālidāsa, avec la *Subodhinī* de Prajñākara Miçra. Publié par Bābū Rāma.

1063 (2691)

Maghakāvya. — (Madras, vers 1840?), in-8°. D.-rel., 200 p.

Note de la main de Burnouf sur la feuille de garde : « *Magha kâvya* ou *Çiçupâla badha* avec la glose de Mallinâtha. Texte sanscrit en caractère télougous. — Je dois ce volume à l'amitié de M. Ariel de Pondichéry. E. B. 1852. — Les cinq premiers chants sont reliés, le sixième est broché. »

1064 (2692)

Kāvyanāma kirātārjjunīya, kavināma bhāravi, ṭīkānāma ghaṇṭāpatha, ṭikākāranāma mallināthа. — Kidderpore, 1814, in-4°. D.-rel., 466 p.

Kirātārjunīya, poème en 18 sargas, par Bhāravi, avec le commentaire, ou *Ghaṇṭāpatha*, de Mallinātha. Publié par Vidyākara Miçra et Bābū Rāma.

1065 (2693)

Abhijñāna-çakuntala-nāṭakam. — Calcutta, 1839, in-8°. D. rel., 159 p.

Çakuntalā, drame de Kālidāsa, publié par Premacandra Tarkavāgīça.

1066 (2694)

Amarūçatakam. — *Ghaṭakarparam*. — Calcutta, 1808, in-4°. D.-rel., 117 — 15 p.

1067 (2695)

The *Nīti neri viḷakkam* of Cumara Guru Para Tambirām,

containing a hundred and two stanzas on moral subjects, with and English translation, vocabulary and notes..., by H. Stokes,... — Madras, printed at the Vepery Mission press, 1830, in-8°. D.-rel., XI — 112 — V p.

1068 (2696)

Daça avatāromkā barṇana. The Hindoo (supposed) Incarnations... N° 2. Hinduvee. — Bombay, 1837, in-8°. D.-rel., 10 p.

Les dix incarnations de Viṣṇu. La voix du Ciel, poème. — En hindi. Caractères nāgari.

1069 (2697)

Oṃ. Namo bhagavate vāsudevāya; gauḍe nandanavāsināmni... varemdryām kule... divākarasya tanayaḥ kullūkabhaṭṭo 'bhavat;... teneyam kriyate... manvarthamuktāvalī. — Calcutta, 1813, in-4°. Rel. veau, 299 p.

Les Lois de Manou, avec le commentaire de Kullūka Bhaṭṭa, intitulé *Manvarthamktāvalī*. Texte revu par Maithila et publié, avec un index, par Bābū Rāma.

1070 (2698)

... *Atha vīramitrodayākhyadharmaçāstram likhyate.* — Khidirapura, 1815, in-4°. D.-rel., 400 et 198 p.

Vīramitrodaya, traité de droit civil par Mitramiçra, revu par Maithila Paṇḍita et publié par Bābū Rāma.

1071 (2699)

Oṃ. Çrī Gaṇeçāya namaḥ. Dharmādharmau tadvipākastrayopi kleçāḥ... — Calcutta, 1812, in-4°. D.-rel., 286 p.

Mitākṣarā, commentaire du *Dharmaçāstra* de Yajñavalkya. En trois parties; publié par Bābū Rāma.

1072 (2700)

Dāyakaumudī... — Calcutta, 1827, in-8°. D.-rel., 316 p.

Trois traités : 1° Droit de l'héritage; 2° Droit d'adoption (en sanscrit) ; 3° Sur la conformité de diverses lois (en bengali).

1073 (2701)

Çrīmadamarakṛtakoṣaḥ puruṣottamakṛtatrikāṇḍaçeṣaçca | hārāvalyabhidhānam medinīkarasya nānārthaḥ | nagare kalikattākhye kolabrūk sāhavājñayā | çrīvidyākaramiçreṇa kṛtasūcīsamanvitaḥ »... — Calcutta, 1807, in-4°. Rel. veau, 84-117-35-82-16-23-7-182-3-16-3-8, fol. = 952 p.

Amarakoṣa, par Amarasiṃha; *Trikāṇḍaçeṣa* et *Hārāvalī*, par Puruṣottamadeva; *Nānārthakoṣa*, par Medinīkara. Vocabulaires publiés, sous la direction de Colebrooke, par Bābū Rāma, et pourvus d'index par Vidyākara Miçra.

1074 (2702)

Vivādacintāmaṇi. — Calcutta, 1837, in-8°, D.-rel., 173 p.

Compilation de droit civil, par Vācaspati Miçra, publiée par Rāmacandra Vidyāvāgīça.

1075 (2703)

Dattakamīmāṃsā, par Nanda Paṇḍita. — *Dattakacandrikā*, par Kuvera. — Calcutta, 1817, in-8°. D.-rel., 83 p.

Note de la main de Burnouf : « *Dattakamîmâṃsâ*, par Nandapaṇḍita et *Dattakatchandrikâ*, par Çrîkuvêra. Deux traités sur le droit d'adoption, publiés à Calcutta en 1817. Le premier commence page 1, et se termine page 58 ; le second commence page 60, et se termine page 82. »

1076 (2704)

Dāyabhāgaḥ. — Kidderpore, 1813, in-4°. D.-rel., 208 p.

Dāyabhāgaḥ, ou loi des successions de Jīmutavāhana, avec le *Dāyabhā-*

gaṭīkā, ou commentaire de Kṛṣṇa Tarkālaṃkāra Bhaṭṭācārya. Publié par Bābū Rāma.

1077 (2705)

Utpādakaṃ yatpravadanti buddheradhiṣṭhitaṃ satpuruṣeṇa sāṅkhyāḥ...

A la fin : *iti çrī bhāskarācārya viracita siddhāntaçiromaṇau vījagaṇitādhyāyaḥ samāptaḥ.*

Vījaganita, traité d'algèbre, par Bhāskara Ācārya. — Calcutta (s. d.), in-8°, 176 p.

1078 (2706)

Suçruta-saṃhitā. — Calcutta (1835?), in-8°. D.-rel., 370 p.

Incomplet : *Cikitsitasthānaṃ*, adhyāyas 1-40; *Kalpasthānaṃ*, adhyāyas 1-25.

1079 (2707)

Pāpamocanayathārthopāyapradarçanaṃ... — Agra (s. d.), in-8°. D.-rel., 25 p.

Dialogue sur la religion chrétienne. — En sanscrit, avec une glose hindie.

1080 (2708)

Kapilācāryya praṇītādhyātmavidyātmavidyāpratipādaka sūtrasamūhātmaka sāṃkhyapravacananāmakagranthaḥ. — Serampore, 1821, in-8°. D.-rel., 220 p.

Aphorismes de Kapila sur la philosophie *Sāṃkhya*, avec le *Sāṃkhya-pravacana-bhāṣya*, de Vijñāna Bhikṣu.

1081 (2709)

Vidyonmāda taraṅgiṇī, par Çrī Jīvabhaṭṭa. — Calcutta, 1832, in-8°. D.-rel., 125 p.

En bengali.

1082 (2710)

Vikramādityer batriç puttalika siṃhāsana saṃgraha... — Londres, 1816, in-8°. D.-rel., 124 p.

Trente-deux contes relatifs au roi Vikramāditya, traduits en bengali par Mṛtyuñjaya Vidyālaṅkāra, sur la version hindie intitulée *Singhasan Battisi*.

1083 (2711)

Totā itihāsa... — Londres, 1811, in-8°. D.-rel., 140 p.

Les Contes du perroquet, traduction bengalie du *Totākahānī* de Muḫammad Ḫadiri, par Caṇḍicaraṇa.

1084 (2712)

Abécédaire mahratte, en devanāgarī. — Bombay, 1836, in-8°, 16 p.

1085 (2713)

Les livres historiques de la Bible, en mahratte, savoir : Josué, les Juges, Ruth, Samuel, les Rois, Paralipomènes, Esdras, Esther. — Serampore (s. d.), in-8°. D.-rel., 783 p.

1086 (2714)

Singhāsan Battīsī... — Serampore, 1814, in-8°. D.-rel., 183 p.

Trente-deux contes relatifs au roi Vikramāditya. — En mahratte.

1087 (2715)

Hitopadeça... — Poona, 1815, in-8°. D.-rel., 249 p.

Collection d'apologues par Nārāyaṇa. — En mahratte.

1088 (2716)

The Lady and her Ayah. — Bombay, 1837, in-8°. Rel. soie, 150 p.

Dialogues sur la doctrine chrétienne. — En hindoustani, caractères arabes.

1089 (2717)

Arrêté relatif à la promulgation de la Constitution [de 1848], donné au Gouvernement, à Pondichéry, le 15 janvier 1849, signé : H. de Lalande de Calan. — Pondichéry, impr. du Gouvernement ; affiche de 830 × 440 mm., et quatre pièces, en tamoul, imprimées à Pondichéry, et relatives aux événements de 1848 ; la première est une circulaire du général Cavaignac, chef du Pouvoir exécutif (470 × 615 mm.), la seconde, la Constitution de 1848 (1 m. × 650 mm.), et les deux autres, des Proclamations (*a*. 345 × 44 mm ; *b*. 345 × 435 mm.).

1090 (2718)

Dialogues tamouls. — Madras (s. d.), in-8°. D.-rel., 108 p.

1091 (2719)

Das Neue Testament... — Tranquebar, 1714, in-4°. Rel. veau, 502 p.

Nouveau Testament, en tamoul, dédié au roi de Danemark Frédéric IV, par Bartholomæus Ziegenbalg et Johannes Ernestus Gründler.

1092 (2720)

'Abdu-r-Razzāq's Dictionary of the technical terms of the Sufies, edited in the arabic original by Dr. Aloys

Sprenger... — Calcutta, printed for the Asiatic Society of Bengal, 1845, in-8°. D.-rel., v-165 p.

1093 (2721)

Líláwatí, a treatise on algebra and geometry, by Srí Bháskara Achárya... — Calcutta, printed at the Education Press, 1832, in-8°. D.-rel., 233 p.

1094 (2722)

Singaleesch gebeede-boek... — Colombo, 1737, in-8°. Rel. maroquin, 42 p.

1095 (2723)

Specimens of the Zund and Puhluwee languages and Characters, compared with each; with other languages and characters. — (S. l. n. d.), in-fol., 9 feuilles autographiées.

1096 (2724)

Quarta parte da grammatica portugueza, convem a saber hum vocabulario em portuguez e malabar... os vocabulos malabares vaõ impressos com o caracter tamul... — Trangambar, na officina da Real Missaõ de Dinamarca, 1731, in-8°. Rel. veau, 72 p.

Les pages 49-50 manquent.

1097 (2725)

Dor-djé-tchod-pa (= *Vajracchedikā*). — Imprimé au Tibet (s. d.), 1 vol. obl. de 535 × 165 m., 72 p.

1098 (2726)

Molon toin eke dour yen atschi khari ghouluksan. — (S. l. n. d.), in-fol. oblong.

Traité bouddhique, en mongol, imprimé en Chine, 495 × 175 mm. 190 pages. D.-rel.

1099 (2727)

Copie d'une inscription en sanscrit trouvée à Cintra. — Planche in-fol. détachée de l'ouvrage de Murphy (James Cavanah), *Travels in Portugal*, Londres, 1795, in-4°.

1100 (2728)

« *Om mâni padmê hum*, 3 feuilles de 660 × 230 mm., imprimées en rouge, par ordre du baron Schilling de Canstad, à l'usage des sujets russes qui suivent la religion du Buddha, et répétée 5.000 fois sur quatre bandes de papier. Fait à Saint-Pétersbourg, en 1835. »

1101 (2729)

Sūcīpustakaṃ. — Calcutta, 1838, in-8°. D.-rel., 269 p.

Catalogue des livres imprimés et manuscrits sanscrits de la Société asiatique de Calcutta.

1102 (2730)

كتاب فهرسة الكتب ... — Catalogue des ouvrages arabes, turcs et persans, traitant de l'art militaire, dont lord Munster désirerait faire l'acquisition. (Adressé par lord Munster à M. Burnouf.) — (S. l. n. d.), in-8°. Cartonné, 154 p.

ANGERS. — IMPRIMERIE A. BURDIN ET Cie, 4, RUE GARNIER.

www.ingramcontent.com/pod-product-compliance
Ingram Content Group UK Ltd.
Pitfield, Milton Keynes, MK11 3LW, UK
UKHW020244250726
13967UKWH00004B/1516

9 782013 025393